Evidencias de la gestión del conocimiento en contextos sociales y tecnológicos de países de Latinoamérica y Europa

Editado por:

Dr. Ing. Carlos Blanco Valbuena

Evidencias de la gestión del conocimiento en contextos sociales y tecnológicos de países de Latinoamérica y Europa

Editado por: Dr. Ing. Carlos Blanco Valbuena
Mentor en Gestión del Conocimiento, aprendizaje e innovación
carlose.co2010@gmail.com Bogotá - Colombia

1ra edición © 2015 OmniaScience (Omnia Publisher SL)

www.omniascience.com

DOI: http://dx.doi.org/10.3926/oms.240

ISBN: 978-84-942118-9-8

Diseño de cubierta: OmniaScience

Imagen de cubierta: Global Connections © freshidea – Fotolia.com

Prólogo

En las dos últimas décadas, los investigadores en el campo de la administración han indagado, explorado y preguntado a los directivos de las organizaciones cómo han logrado introducirse en la economía basada en el conocimiento para dar respuesta a los interrogantes que surgen cuando se trata de identificar, gestionar y medir los intangibles, siendo el conocimiento el activo estratégico de mayor valor en el logro de los objetivos empresariales.

Las organizaciones que han asumido el reto de saber cómo gestionar el conocimiento han empezado a dar sus primeros pasos, comprendiendo cual es el verdadero significado de este concepto, tan ligado a la teoría basada en los recursos y las capacidades, el aprendizaje, el capital intelectual, la creación de conocimiento y la innovación. De igual forma, se han esforzado en llevar a cabo los primeros intentos dirigidos a saber cómo hacer explícito el conocimiento tácito que poseen las personas, y a descubrir cuál es el valor que éste tiene en la mejora de procesos, desarrollo de servicios y productos, toma de decisiones, resolución de problemas, eficiencia en el trabajo en equipo, actualización y aprendizaje de nuevos constructos de conocimiento, mejora de métodos de trabajo, y desarrollo de capacidades sociales.

Del mismo modo, gracias a aquellos de sus directivos que apostaron por incursionar en la visibilidad del conocimiento, las organizaciones han ido aprendido a partir del ensayo y el error, la experimentación, la contextualización de información relevante, y el esquema mentor-aprendiz, hasta llegar a tener definidas ciertas formas de trabajo que son apropiadas cuando se persigue que las actuaciones se hagan de manera fluida y con cierto grado de seguridad y de asertividad.

El primer artículo de este libro está relacionado con una ONG de Colombia: "Corporación Día de la Niñez", que ha hecho enormes esfuerzos para que las personas internalicen ciertas formas prácticas destinadas a mostrar hechos, certezas justificadas, conocimiento tácito explicitado y diseño de talleres propios del esquema mentor-aprendiz. Hoy en día, se puede decir con certeza que el camino ha tenido avances coherentes y que la gestión de toda organización que desea moverse hacia un futuro cierto está basada en la cultura de la gestión del conocimiento. Atrás quedaron las creencias heredadas de que el conocimiento se movilizaba a través de las tecnologías de la información, y de que las personas aprendían a partir de mensajes enviados a través de internet. Se pensaba que ello les era suficiente porque la mera lectura de un documento les permitía llevar su contenido a la práctica, y porque la realización de un taller era suficiente para su aprendizaje y para garantizar la visibilidad del conocimiento en los procesos.

En nuestro caso, la organización asumió el reto de hacer parte de la tendencia actual hacia la "Economía basada en el conocimiento", por lo cual, la dirección ejecutiva creyó y mantuvo el firme propósito de hacer visible esta perspectiva tanto en los procesos claves o estratégicos como en los de apoyo. La persistencia en el deseo de tener evidencias acerca del conocimiento que tienen y desarrollan las personas llevó a la organización a desarrollar en sus empleados capacidades destinadas a documentar las lecciones aprendidas (experiencias positivas y negativas) con el fin de crear la cultura de la documentación y el acceso a la información que contiene. Se trataba de evitar las pérdidas de conocimiento y, como suele decirse, el "reinventar la rueda" cada vez que ingresa un empleado nuevo o se asume el liderazgo de un proyecto. De igual forma, se documentaron los procesos tal y como eran llevados a la práctica, para tener siempre en cuenta lo que se ha hecho antes y lo que se ha hecho después. Es un modo eficaz de tener la historia en el presente a la hora de tomar decisiones y resolver problemas. El siguiente reto estuvo en, a partir de su capital humano, ser capaces de identificar y consolidar las competencias esenciales. En definitiva, llegar a tener buenas prácticas con el objetivo de ser productos puestos al servicio de otros contextos, de forma que la misión de la CDN no sólo fuera visible en Colombia sino también en otros Países del entorno latinoamericano. El segundo artículo del libro trata sobre "Políticas de selección y desarrollo profesional, gestión sistemática de competencias, capital humano y capacidad de innovación". Resalta la importancia del capital humano en las empresas de software de Uruguay, la mejora de la capacidad de innovación, y la creación de conocimiento. Estas empresas se caracterizan por ser intensivas en conocimiento tecnológico y, por tal razón, el conocimiento tácito es relevante de forma que las interacciones entre las personas adquieren un alto valor en la medida en que apoyan el desarrollo de sus capacidades sociales.

El estudio concluye que las prácticas de gestión de recursos humanos deben estar orientadas a promover el tipo de conocimiento, competencias y actitudes necesarios para alentar la innovación, elemento crítico de competitividad en el contexto actual, en lugar de centrarse únicamente en la promoción de los comportamientos más adecuados. Además, según se ha visto, la calidad del capital humano (cualificación, experiencia y habilidades sociales y emprende-doras) afecta de manera significativa a cada una de las dimensiones de la capacidad de innovación y, de manera especial, a las que tienen que ver con la implantación de las nuevas ideas.

El tercer artículo del libro tiene el propósito de presentar las dinámicas de interdependencia que se generan entre distintas dimensiones de proximidad (organizacional [social, cognitiva, institucional, cultural], tecnológica, geográfica, entre otras) en los procesos de colaboraciones inter-organizacionales. La identificación de los procesos a través de los cuales se relacionan prácticas de gestión de conocimiento inter-organizacional con las políticas de ciencia, tecnología e innovación, que fomentan arreglos inter-institucionales, es una certeza que encontramos en la investigación procedente de los centros de nanotecnología y nanociencia de diversos laboratorios afincados en diferentes países de Europa. Estas contribuciones aportan elementos para comprender la articulación de las prácticas de gestión de conocimiento inter-organizacional y las políticas que fomentan los arreglos inter-institucionales. Un punto poco explorado en la literatura de gestión de conocimiento. Cabe destacar que en los diferentes tipos de proximidad, las tres que tienen relevancia en las cooperaciones entre dos o más organizaciones son: la geográfica, la organizacional y la tecnológica. La geográfica (territorial, espacial o física) puede tomarse en términos absolutos (medidas de distancia), o relativos (tiempos de transporte, por ejemplo). Esta modalidad de proximidad se asocia normalmente a la transferencia de conocimiento tácito.

La organizacional comprende una cercanía en aspectos cognitivos, institucionales, culturales y sociales. Para la colaboración inter-organizacional lo que podría facilitar las interacciones serían las similitudes entre los socios. La proximidad tecnológica está ligada a las bases de conocimiento y a las capacidades compartidas, que influyen en el aprendizaje que puede generarse entre los cooperantes.

Florentino Antón Reglero, Josune Sáez Martínez, Constanza Pérez Martelo y Andrea Pérez-Bouvier, investigadores académicos y con especial énfasis en creación de conocimiento a partir de la gestión del mismo, interpretan cada uno de los contextos donde son visibles las evidencias. Para estos investigadores es preciso identificar el conocimiento relevante de las organizaciones, buscar sencillas formas de explicitar el conocimiento tácito y hacer una adecuada interpretación y aplicación del conocimiento transferido, el cual debe generar valor en los procesos de las organizaciones.

El interés que despierta cada uno de los autores y co-autores de este libro radica fundamentalmente en el hecho de compartir con el lector las evidencias en gestión del conocimiento a partir de los matices expuestos en los diferentes capítulos. Nos hemos comprometido como investigadores en profundizar en esta perspectiva, para contar cada vez más con certezas justificadas que den cuenta del valor que posee el conocimiento en la actual economía.

Dejamos la puerta abierta a aquellos otros investigadores que quieran sumarse al actual reto de la sociedad: la disminución de las brechas existentes entre las personas para de este modo conseguir tener una sociedad más equitativa, informada, crítica y con capacidad para generar nuevos conocimientos frente a los problemas actuales.

Dr. Ing. Carlos Blanco Valbuena

Índice

Introducción

La Economía basada en el conocimiento plantea significativos retos a académicos, empresarios, gobiernos y sociedad en general del siglo XXI, quienes deberán dirigir sus esfuerzos a dar respuesta de manera inteligente a la complejidad, la incertidumbre, los cambios en función de las tendencias, y la cooperación basada en la creación de valor, llevando a cabo de manera adecuada la gestión del conocimiento.

Las organizaciones ya no podrán obtener una ventaja competitiva sostenible basándose únicamente en la rápida aplicación de las nuevas tecnologías a los bienes físicos, o llevando a cabo una excelente gestión de los activos y de los pasivos financieros. Los recursos tangibles tradicionales están perdiendo cada vez más peso en los procesos de creación de valor. La empresa del siglo XXI no sólo tiene más conexiones que su predecesora de la era industrial; también depende más de sus trabajadores. El capital humano constituye hoy en día un activo fundamental en las empresas exitosas (Baruch, 2003; Blanco, 2004).

Con esta perspectiva de futuro, cabe hacerse una **primera pregunta** en relación con el:

> *cómo deberían proceder las organizaciones para hacer visible el conocimiento tácito que poseen tanto directivos como empleados y demás trabajadores, para que no se pierda cuando llegue el momento de su jubilación, o termine en manos de la competencia en el caso de cambio de empresa.*

No cabe duda, que una de las variables más importantes que deben impulsar los directivos es la de crear la cultura de compartir el conocimiento; lo que significa que las relaciones deben ser constructivas y útiles para que las personas se expresen con libertad y autonomía. En este sentido, una de las formas válidas es la de inculcar a toda persona perteneciente a la organización el sentido de trabajar aprendiendo a ser indulgente en el juicio, generando de este modo confianza, y a tener la valentía de aceptar las críticas. Otra de las variables que debe estar presente es la de intentar que el lugar de trabajo despierte continuamente la curiosidad por conocer algo más de lo ya aprendido, con lo cual, si la personas cuenta con el apoyo de los directivos, sentirá que trabaja en un lugar que le causa satisfacción, y por ende, podrá ser altamente productiva.

Siguiendo el pensamiento de Mayeroff (1971)[1], "los directivos deberían interesarse por los demás para ayudarles a aprender, a tomar conciencia de hechos y consecuencias importantes, a enriquecer sus conocimientos y a compartir sus ideas". Todo depende del ejemplo que observen y sientan los trabajadores en las relaciones con sus líderes. De igual forma, las interacciones sociales se enriquecerán si se hacen visibles los valores que identifican al equipo; porque el conocimiento se relaciona con la esencia humana, y el proceso de creación de conocimiento depende de quién participe en él y de cómo lo haga. Es vital que los directivos hagan reales los valores que los vinculan y los hacen evolucionar como personas.

La **segunda pregunta** que puede hacerse debería estar en la línea de:

> *cuáles son las barreras que impiden hacer visible el conocimiento tácito y, en consecuencia, el crear conocimiento.*

Es indudable que las personas que llegan a una organización han tenido diferentes procesos de endoculturación y de enculturación, con lo cual vienen con ciertas creencias heredadas y unos comportamientos propios de esos contextos vividos. Sí la organización pretende bajar su conocimiento tácito, y a partir de éste crear nuevo conocimiento, debe empezar por compartir un lenguaje que los vincule y los haga sentir que todos hablan de lo mismo. De igual manera, se debe vincular a las personas a un proceso de desaprendizaje de viejas costumbres que puedan limitar la creación de conocimiento; como es la de "si comparto lo que sé, posiblemente me quiten el cargo". También se les debe enseñar que toda alteración o mudanza, cualquiera que sea su naturaleza, traer consigo cambios existenciales, y que por tanto, son normales en los procesos de adaptación a una nueva forma de hacer las cosas (Polanyi, 1958)[2]. Una de las mayores barreras en la creación de conocimiento es el trabajo en equipo, por ello es muy importante que el liderazgo sea

---

[1] Mayeroff, M (1971), On Caring, Harper and Row, Nueva York.
[2] Polanyi, M (1958),Personal Knowledge: Towards a post-critical philosophy, University of Chicago, Press Chicago.

compartido, para que todos sus miembros sientan que pueden serlo en el momento adecuado.

La **tercera pregunta** que nos planteamos tiene que ver :

> *con el reconocimiento de los beneficios que produce el hacer visible el conocimiento tácito cuando se trata de crear conocimiento.*

Sí las personas han optado por tener un lenguaje que los vincule como una comunidad de conocimiento, el aprendizaje y la reflexión individual serán posibles. Sí se les inculcan las formas de bajar el conocimiento tácito a través de historias, cuentos, anécdotas, metáforas, analogías… les será más fácil compartir y transferir los aprendizajes. No siempre el lenguaje formal y rígido ayuda a que los demás entiendan lo que el otro ha construido en su contexto.

Por último, los directivos deben hacer de su gestión una total socialización. Es una forma de compartir valores, metas y normas, para que las cosas fluyan sin inconvenientes, sin que haya de por medio supuestos.

Desde mi experiencia como asesor y mentor en diferentes organizaciones del contexto Europeo y Colombiano, puedo decir que los directivos se muestran cada vez más interesados en saber cómo agregar valor a partir de la gestión del conocimiento. Se interesan cada vez más porque han caído en cuenta de que las personas que no se sienten a gusto en la empresa se van fácilmente a otras en las que les reciben con la posibilidad de que hagan lo que más les gusta.

También han reflexionado sobre el interés que tienen las personas de ser más productivas cuando se les da un buen trato y se les permite experimentar sus ideas. Y ello ocurre frente a aquellas que prefieren un buen salario, aunque se les coarte la libertad de expresarse y el ser más auténticos. Por consiguiente, debemos ser capaces de relacionar el conocimiento con los compromisos, las acciones y las certezas, ya que son invisibles, al tiempo que importantes, a la hora de hacer que el conocimiento tácito se comparta y se manifieste en los logros de la organización.

Nos hemos referido a las condiciones necesarias para que se propicie la visibilidad del conocimiento tácito, pero no debemos olvidar que el fin de las organizaciones debe estar puesto en la creación de conocimiento, es decir, en las evidencias de la gestión de éste. Una de las vías es, por supuesto, la investigación, que da respuesta a un problema, pero a veces se necesitan unos altos recursos para llegar a los objetivos. Si todo fuera así, la creación de conocimiento se estaría restringiendo, y al mismo tiempo se limitaría el desarrollo cognitivo de las personas. La creación de conocimiento es visible en los aprendizajes que las personas adquieren cuando tienen experiencias de todo tipo, y se hacen visibles estos aprendizajes en la narración de hechos, de anécdotas, de certezas justificadas, de desarrollo de estrategias para mejorar los aprendizajes, la documentación de las acciones de valor en el día a día, las mejoras en las reuniones, el empoderamiento de los equipos, la creación de comunidades de aprendizaje y conocimiento, el diseño de estrategias destinadas internivelar el conocimiento, el diseño novedoso de evaluaciones frente a los proyectos, y un largo etc. de posibilidades.

Nos preguntamos sobre cómo lograr lo anterior…, simplemente dejando que las personas expresen libremente lo que desean hacer visible y que sea coherente con la misión y la visión de la organización.

Capítulo 1

Creación de Conocimiento en el Contexto Social de una ONG Colombiana a partir del Proceso de Mentoría

Carlos Blanco-Valbuena[1], Florentino Antón-Reglero[2]

[1] Universidad de Deusto, España.

[2] Universidad de Cantabria, España.

carlose.co2010@gmail.com, Tinin10@yahoo.es

Doi: http://dx.doi.org/10.3926/oms.271

Referenciar este capítulo

Blanco-Valbuena, C., & Antón-Reglero, F. (2015). *Creación de Conocimiento en el Contexto Social de una ONG Colombiana a partir del Proceso de Mentoría*. En Blanco-Valbuena, C. (Ed.). *Evidencias de la gestión de conocimiento en contextos sociales y tecnológicos de países de Latinoamérica y Europa*. Barcelona, España: OmniaScience. 15-77.

Resumen

Uno de los retos por los que apostó la Corporación Día de la Niñez, una ONG de Colombia dedicada a desarrollar capacidades en los niños y niñas de todo el país a través de las ludotecas, fue el de identificar el conocimiento tácito, y compartirlo a través de diferentes estrategias, con el fin de hacer más competentes a los trabajadores. Uno de los enfoques que eligieron fue el de mentor-aprendiz como medio para la creación de conocimientos. Los resultados han sido sorprendentes debido a la visibilidad del conocimiento desde las certezas justificadas. Este camino que eligió la ONG, la hace pionera en este sector de la economía y al mismo tiempo la ayuda a tener una visión amplia en lo social e intelectual para permanecer en el mercado.

Palabras clave

Creación de conocimiento, enfoque mentor-aprendiz, conocimiento tácito, aprendizaje social.

1. Antecedentes

Este capítulo lo dedicaremos a comentar el camino que promovió una ONG de Colombia con el fin de incursionar en la economía basada en el conocimiento, y hacer visibles los aprendizajes a partir del diseño de diferentes estrategias, mostrando con ello productos intangibles desde la creación de conocimiento.

Este camino fue iniciado por la dirección ejecutiva de la organización, asistiendo a congresos internacionales cuyo énfasis había sido puesto en la gestión del conocimiento, y cuya organización había corrido a cargo de universidades colombianas, entre ellas, la Pontificia Universidad Javeriana de Bogotá (2008) y la Universidad de La Sabana (2009). La necesidad que en 2009 siente la ONG estuvo sostenida por el deseo de observar los flujos de conocimiento que se movilizaban en los diferentes procesos, entre los que cabe destacar el de compras, por el exceso de adquisiciones que debían hacerse a causa de la variedad de actividades que tenían lugar en las diferentes ludotecas de los 80 municipios del País en que la ONG estaba implantada. Y observaron que el problema radicaba fundamentalmente en la rotación del personal y en lo que pudiéramos definir como "la reinvención de la rueda cada vez que se hacía una compra".

La dirección ejecutiva, junto con el comité primario o consejo de administración, propuso en 2010 la instrucción formativa específica del equipo directivo y de otras personas con cargos de responsabilidad, para que, a través de un mentor-tutor con grado de doctor y con experiencia en gestión del conocimiento, pudieran desarrollar capacidades que fueran visibles en la gestión de la organización. En este sentido, el mentor-tutor diseñó una agenda de trabajo que contemplaba el desarrollo de varias fases a partir de la clarificación de conceptos y la homogeneización del lenguaje en KM, la comprensión de DICES (datos, información, conocimiento, experiencia y sabiduría) (Blanco & Díaz, 2008) en el contexto de los procesos, la comprensión y socialización de SECI[1], y el desarrollo de una cultura

---

[1] SECI: socialización, externalización, combinación e internalización.

organizacional desde el concepto del "Ba"[2] En este mismo año, el equipo desarrolló capacidades para contextualizar algunas buenas prácticas que venían haciéndose desde años anteriores, y de las que ponemos como ejemplo "la sensibilización y la formación de actores políticos como alcaldes y jefes inmediatos de municipios". El desarrollo de este tipo de sensibilización se venía realizando desde las "Ludotecas NAVES" mediante encuentros de formación y las "Ludotecas NAVES[3] de Primera Infancia": una buena práctica de educación inicial. El resultado final de la formación del equipo, en sus diferentes fases, fue percibida a partir de la documentación de aprendizajes producto de las experiencias que habían vivido en su trabajo con los niños y las niñas en las diferentes ludotecas del país. De igual forma, aprendieron a contextualizar la información para convertirla en conocimiento evidente y seguir experimentando para tener una experiencia cierta. Y, finalmente, mostraron algunas variables de la cultura basada en gestión del conocimiento: compartir las experiencias, documentar los aprendizajes, e innovar en los procesos a partir precisamente de los aprendizajes. El objetivo propuesto iba en el sentido de fortalecer a las personas de las ludotecas en los elementos de la gestión del conocimiento. Todo ello con el fin de conseguir que los equipos pudieran actuar con mayor eficacia al desarrollar una mayor autonomía, de forma que fueran ellos los que a nivel interno propiciaran acciones innovadoras a partir del conocimiento internalizado, y a nivel externo fueran capaces de crear y desarrollar la red de conocimiento con las entidades que apoyan la garantía de los derechos de los niños, de las niñas y de los adultos.

En el año 2012, la directora ejecutiva se interesa en continuar avanzando en la cultura basada en la gestión del conocimiento, y propone realizar unos talleres con un equipo de veinte personas, enfocándolos hacia la definición de las variables que debían formar parte de un modelo de formación construido a partir de los aportes de Tissen, Andriessen y Deprez (2000), el cual hace

---

[2] "Ba": El lugar en el que es posible compartir, crear y usar conocimiento (Shimizu, 1995, citado por Von Krog, Ichijo & Nonaka, 2000).

[3] La metodología NAVES pretende promover el ejercicio del derecho al juego, y favorecer el desarrollo integral de niños y niñas, particularmente en el desarrollo de competencias a través del juego, en el espacio del encuentro educativo desde una propuesta pedagógica que llamamos aventura lúdica.

énfasis en la didáctica fundamentada en la realimentación de la información, el aprendizaje basado en las interacciones sociales y el aprendizaje cognitivo entre la teoría y el paradigma. De esta forma, los participantes trabajaron en responder a un cuestionario de varias preguntas destinado a observar el modo en que estaban llevando a la práctica cada uno de los aprendizajes. El resultado final fue la identificación de las brechas existentes en cada una de las variables, y el diseño de estrategias para llenar los vacíos. El objetivo estuvo enmarcado en el deseo de desarrollar una metodología, adaptada y adoptada en gestión del conocimiento, que permitiera hacer visibles los conocimientos que se crean, se comparten y se aplican en los diferentes procesos de la organización, de forma que estos aprendizajes apoyen la evolución de la CDN como una estrategia para permanecer en el mercado.

En el año 2013, se retomó el proceso del 2012, basándolo en el desarrollo de cuatro fases, las que tenían como reto:

- En primer lugar, identificar las variables del modelo (aprendizaje a partir de la realimentación de datos e información, a partir de las interacciones sociales, y a partir del desarrollo cognitivo desde la visión de la teoría y el paradigma) para que pudieran aplicarse en la realidad del medio a partir de los aprendizajes que se hicieran en el contexto de las ludotecas ubicadas en el país.

- En segundo lugar, dejar visibles los aportes de los autores en KM en la experiencia práctica de la labor en la CDN y, al mismo tiempo, mostrar los paradigmas que poseen las personas. En este sentido, la teoría, al ser visible en la experiencia práctica, debía ayudar al desarrollo cognitivo; y los paradigmas, al ser visibles, invitarían a las personas a diseñar las estrategias destinadas a romperlos en la práctica cotidiana.

- En tercer lugar, construir y refinar los conceptos de la estrategia DICES, de forma que por equipos pudieran establecer por consenso la definición, para utilizarla en los flujos de interacción, en el desarrollo de proyectos, en su aplicación y en la realimentación del proceso de aprendizaje.

- En cuarto lugar, a partir de las lecciones aprendidas y documentadas en la CDN de 2010-2013, se realizaría el ciclo SECI, para observar cómo se lleva a cabo y qué aprendizajes se obtienen, convirtiéndolos en el insumo de la cotidianidad y la cultura organizacional.

- En quinto lugar, se llevaría a cabo la conformación y el desarrollo de tres micro-comunidades de conocimiento, basadas en la documentación de buenas prácticas, como parte de la cultura organizacional y de la visibilidad de la inteligencia colectiva de la CDN.

- En sexto lugar, se debía trabajar en torno a la pregunta sobre lo que significa el desarrollo del interés en un equipo. Para responder a esta pregunta habría que trasladarse a la forma de ser y hacer en las organizaciones de Japón. Los estudios y los aportes de Nonaka y Takeuchi (1995-2007) encontraron que una de las variables de mayor valor en las relaciones e interacciones entre las personas es el desarrollo del interés por algo. Por todo ello, la estrategia elegida para la transferencia de conocimientos de la dirección nacional de KM a las direcciones regionales fue la de mentor-aprendiz. Puesto en práctica y finalizado todo el proceso, el resultado fue visible en el fortalecimiento de las capacidades en gestión del conocimiento en los ludotecarios de todo el país, en el desarrollo de una cultura basada en compartir las experiencias, en contextualizar los aprendizajes en los diferentes procesos, en la conformación de las micro comunidades de conocimiento, y en hacer visibles las capacidades de los ludotecarios en el desarrollo integral de los niños y niñas de las 120 ludotecas en todo el país.

Una vez hecha la presentación de los antecedentes enmarcados dentro del desarrollo de capacidades en gestión del conocimiento, abordaremos la introducción al capítulo de este libro.

2. Introducción

Con el fin de fijar un punto de partida del proceso mencionado en los antecedentes, diremos que se inició el camino en 2010, para retomar de nuevo el proyecto en 2013. Se trataba de comprender cómo se ha gestionado el conocimiento en la Corporación Día de la Niñez (CDN). Inicialmente debíamos entender en qué consistía nuestro saber hacer, y qué era lo que sabíamos hacer a partir de los conocimientos que colocamos en las prácticas que había que desarrollar de acuerdo con la misión. Estas preguntas serían fundamentales a la hora de orientarlas en la línea de la gestión del conocimiento y de su valor. En relación con nuestro campo de actuación debemos indicar que nos relacionamos principalmente con niños y niñas en edades comprendidas entre los cero y los catorce años (0-14), y con sus familias. En cuanto a la forma, la relación se llevó a cabo jugando con ellos en entornos comunitarios y dentro del marco de la garantía de sus derechos. Por esta razón, esta historia tendrá como escenario principal las interacciones que se construyen entre los diferentes actores.

El juego es la esencia de la misión para la CDN. Es el conocimiento clave, visible en nuestros resultados y en el impacto que produce en la sociedad. Del mismo modo, el reconocimiento de nuestra labor se basa en la experiencia que poseemos y que nos permite lograr que a través del juego sean visibles los derechos de los niños y las niñas del país, además de favorecer su desarrollo integral. Para la CDN, la base fundamental del aprendizaje se encuentra en las acciones que desarrollan día a día cada uno de los integrantes de los equipos de trabajo. El conocimiento se fundamenta en las estrategias, las ideas, y las tácticas que se ponen en práctica para prestar la debida atención a los niños y a las niñas en cada uno de los municipios, y para sortear las dificultades de tipo social, cultural y económico que se presentan.

Para la CDN el conocimiento es aquello que se sabe hacer. En este sentido, el conocimiento es algo sustancial, que facilita a las familias, los cuidadores, los adultos responsables de la infancia y las comunidades, la comprensión y el reconocimiento del significado del juego, el cuidado, la protección y la promoción de hábitos de vida saludables en el desarrollo integral de niños y niñas.

Este conocimiento acumulado que tiene la organización, se basa en un proceso de aprendizaje de más de diez años, con el que cuentan las personas que trabajan en ella y que ha sido recogido y registrado en los diarios de campo, los vídeos, las cartillas, los juegos y demás documentos en general.

Para la CDN, la gestión del conocimiento es un proceso continuo que se nutre día a día en la medida en que se abordan nuevos problemas, y nuevas situaciones, que deben ser resueltas por las personas poseedoras de esa particular experiencia.

Con relación a las afirmaciones anteriores, nuestro modelo de gestión de conocimiento tiene como piedra angular el que circula, se transfiere, se observa y se construye alrededor del juego. En este sentido, como "trabajadores del conocimiento" necesitamos desarrollar competencias específicas, y diseñar estrategias inteligentes que generen impactos en el desarrollo infantil y en el desarrollo local de los municipios de Colombia. Contextos ambos en los que se ubican y se desarrollan nuestros proyectos.

El camino recorrido en los tres últimos años hace que sea realmente importante, a la par que necesario, el definir y fijar un primer modelo que nos permita desarrollar y hacer visibles las competencias adquiridas, así como generar y evidenciar los aprendizajes, hasta lograr que todos ellos apoyen y se conecten con las transformaciones sociales de las poblaciones atendidas.

Este primer modelo estudiado contempla las competencias de conocimiento adquiridas, particularmente las de observación, reflexión y análisis, y puestas en escena en las interacciones que se dan en los espacios de juego con los niños, las niñas y los adultos. Las relaciones que se establecen en el juego son el escenario y el contexto en que han de desarrollarse las competencias de conocimiento de las que hablamos.

El conocimiento siempre estará en el saber-ser y el saber-hacer de las personas y de las organizaciones que se componen de seres humanos capaces de cumplir objetivos y de comprender la misión que le es propia a una organización. Ellos son los que caminan hacia el horizonte de la visión. Por eso, el desarrollo de las competencias de conocimiento basadas en las interacciones desde el juego van a permitir que la organización sea reconocida por su manera particular de hacer lo que sabe hacer, lo que le permitirá garantizar su permanencia en el tiempo en Colombia, y su proyección como ONG líder en el campo de la infancia y del juego infantil inteligente en los distintos escenarios colombianos donde se halle radicada.

El resultado de este desarrollo de capacidades, además de hacerse evidente en la progresiva cualificación que genera el proceso de atención a niños y niñas, se hace tangible en la información de valor que demuestran las trasformaciones habidas en la organización. Es por esta razón por la que documentamos aquellas de nuestras experiencias que han sido obtenidas durante el proceso progresivo de creación de conocimiento.

Como hemos dicho con anterioridad, partimos de unas competencias de conocimiento, por lo que definimos un espacio relacional destinado a permitirnos comprender nuestro saber hacer. Por otra parte, desde la experiencia de quince años que posee esta organización, hemos definido tres interacciones principales de juego: la interacción de los niños y las niñas consigo mismos, las relaciones de los niños y las niñas con otros niños y con los adultos, y la relación de los niños y las niñas con los objetos y su entorno.

En el desarrollo del presente trabajo estableceremos 'el cómo' abordar estas competencias de conocimiento en relación con esas interacciones de juego que hemos referido. Y lo haremos mediante estrategias que nos permitan generar aprendizajes a partir de los ejercicios de observación intencionada, las mesas de aprendizaje y los laboratorios pedagógicos. Estos aprendizajes, que generamos a partir de las estrategias, son fundamentales y esenciales para el desarrollo de nuestras planeaciones, es decir, para llevarlos a la práctica e ir transformando con ello nuestro saber-hacer, por lo que deben ser visibles en los comportamientos de las familias y en los de los niños y niñas, pues se trata de potenciar activamente su desarrollo integral.

3. Aportes de la Literatura Relacionados con este Proceso

En este apartado, abordaremos en primer lugar la importancia de las personas como centro de la gestión del conocimiento en la CDN. En segundo lugar, presentaremos los aportes de la creación de conocimiento a partir de los hechos y de las experiencias narradas por Nonaka y Takeuchi (2000) —expertos de máximo nivel internacional— además de tener en cuenta la literatura procedente de otros autores. En tercer lugar, haremos énfasis en las capacidades según el modelo de aprendizaje de Tissen et al. (2000). Y, en cuarto lugar, nos centraremos en las dimensiones de interés de acuerdo a lo que sobre ello dice Von Krogh (2001).

3.1. La Persona como Centro de la Gestión del Conocimiento en la CDN

En sus trabajos, Blanco (2010) considera que debemos hacernos la siguiente pregunta: ¿por qué las personas son la esencia de una organización para que la gestión del conocimiento tenga sentido y, en consecuencia, agregue valor, en nuestro caso, a las prácticas y a la misión de la CDN?

Para poder responder debemos situarnos en el entorno socio-cultural del actual momento, al que percibimos cada vez más complejo, cambiante, e incierto, debido a la globalización y a los retos que se plantean las organizaciones como motivación para perdurar en el mercado. En este sentido, la Corporación Día de la Niñez (CDN) está dentro de este mercado, donde la competencia por parte de otras organizaciones de la misma o similar naturaleza resulta ser el pan de cada día. Gestionar adecuadamente el conocimiento, tanto individual como colectivo, hace que la organización pueda mejorar su productividad, su eficacia organizativa y su capacidad innovadora.

Las personas que desde los diferentes procesos hacen parte de la CDN deben estar continuamente desarrollando unas capacidades que las permitan utilizar adecuadamente el conocimiento que se observa en las prácticas, a la par que tenerlas en cuenta a la hora de tomar decisiones y resolver problemas. En este sentido, la capacidad de analizar nuestras acciones, de observar a otros en las interacciones, de reflexionar en el aquí, en el ahora, y en el después de una experiencia; la capacidad de mantener un diálogo vivo, donde el aprendizaje sea mutuo; la de compartir las historias que se construyen en el día a día, la de resolver problemas, y la de convertir las ideas en cosas reales, deben estar presentes en cada proceso, en cada objetivo, en cada taller, en cada estrategia y en cada planeación. Todo este conjunto de capacidades desarrolladas, una vez que estén internalizadas, permitirán a la CDN ser diferente de las demás organizaciones (ONG´s). Y esta diferencia la mantendrá en un lugar privilegiado en este mercado cambiante, incierto y cada vez más competitivo.

Por otro lado, e igual de importante que el contenido del párrafo anterior, es la forma de actuar de cada miembro de la CDN. Son las actitudes las que resultan esenciales a la hora de compartir, adquirir, transferir, aplicar, evaluar y volver a usar el conocimiento. Es a esto a lo que aludimos cuando hablamos de tener una forma de ser propia de la CDN. Nos referimos a la cultura basada en las interacciones de carácter útil y constructivo. Las manifestaciones personales desde la generación de confianza, la empatía activa, la indulgencia en el juicio, el acceso a la ayuda y a la experimentación son vitales para que la cultura se mantenga viva y se viva en familia (Blanco, 2013).

Visto de este modo, si contamos ya con las capacidades y la cultura basada en las interacciones, debemos centrarnos en cómo retener el conocimiento que se produce y es visible en las metodologías pedagógicas: las herramientas, los talleres, las matrices, las lecciones aprendidas, los diarios de campo, etc. Este conocimiento se retiene cuando las personas sienten que hacen el trabajo con pasión, con entrega, con amor, con entusiasmo desde la comprensión de lo que cada uno es como persona y como profesional. Se retiene el conocimiento cuando las personas afrontan nuevas tareas, cuando sus ideas son escuchadas y llevadas a la experimentación, cuando se propicia un ambiente para compartir entre ellas el conocimiento y se tiene confianza en el uso racional que hacen del tiempo, de tal modo que se dejan a un lado los controles. Se retiene el conocimiento cuando las personas hacen tareas que las motivan y pueden compartir con otros los resultados, para con ello ayudar a mejorar sus aprendizajes. Se retiene el conocimiento que se produce cuando se diseñan repositorios para que todo aquel que quiera tener más certeza a la hora de actuar pueda recurrir a ellos en busca de una información que le permita tomar decisiones adecuadas, y así resolver de manera más acertada los problemas. Y no olvidemos que se retiene a las personas cuando se las reconoce lo que logran a través de sus actividades.

Es vital y esencial aprovechar todo el conocimiento que se produce en la organización para crear nuevo conocimiento, el cual ha de permitir estar más cerca de la observación de las transformaciones sociales experimentadas en los niños, las niñas y los padres de familia. La formación de equipos de alto rendimiento permitirá alcanzar el objetivo y, sobre todo, garantizar que el conocimiento se convierte en productos y servicios con valor agregado para todas y todos los miembros en nuestra sociedad.

3.2. La Gestión y la Creación de Conocimiento en las Organizaciones

Para unir la creación de conocimiento producida en la CDN a su gestión, debemos comprender que en esta experiencia el medio es la gestión del conocimiento generado, mientras que el fin es su creación. En este sentido, hablaremos en primer lugar sobre la gestión del conocimiento y, en segundo lugar, sobre su creación.

Situándonos frente al concepto de "gestión del conocimiento (KM)", parece lógico que dirijamos nuestra atención hacia los aportes que varios investigadores han realizado: Blanco (2004), por ejemplo, cuando aborda esta cuestión en el trabajo de referencia, hace un compendio de lo dicho sobre esta cuestión por los más importantes autores. En esa relación dice que, para Malhotra (1997), la KM es la combinación de sinergias entre datos, información, sistemas de información, y capacidad creativa e innovadora de los seres humanos. De Roberts (1998), sin embargo, opina que en su pensamiento la KM no es la adquisición o creación de conocimiento organizacional, sino que éste debe ser el papel y el pre-requisito del individuo, y que para lograr ese objetivo la empresa debe integrar el conocimiento percibido por los individuos; pero que eso ocurre cuando se dan acuerdos estructurales de coordinación y cooperación de los empleados con conocimientos especializados. Cuando se refiere a Grayson y O'Dell (1998) observa que estos autores consideran que la KM es compartir las experiencias y las mejores prácticas a través del conocimiento que tienen las personas acerca de los clientes, los productos, los procesos, los errores y los éxitos. Hablando de lo que opina Smith (2002), nos aclara que este autor cree que se trata de la estrategia y del proceso que permite la creación y el flujo de conocimiento relevante a través de la empresa, siendo su fin el de establecer valores organizacionales a clientes y consumidores. De Coleman (1999) dice que considera la KM como la creación, evaluación, búsqueda, transporte, almacenamiento, distribución y transmisión compartida de los saberes que lo constituyen. De Bollinger y Smith (2001), que cuando hablan de la gestión del conocimiento como concepto se refieren a la identificación y comunicación del conocimiento tanto explícito como tácito que existe dentro de los procesos, las personas, los productos y los servicios, y en este recorrido, al incluir finalmente a autores como Nonaka (1991), o como Quinn, Anderson y Finkelstein (1996) y Davenport, Davenport, De Long y Beers (1998), considera que están de acuerdo en percibir que la KM es el proceso de captar las pericias y la inteligencia colectiva en una organización, siendo utilizable en la innovación a través del aprendizaje organizacional.

Pero hecha esta relación de autores y de su percepción conceptual de lo que es la gestión del conocimiento (KM), Blanco (2004) considera que debiéramos verla como el entendimiento, la sensibilidad o la familiaridad adquirida a través del tiempo, que permite la interpretación, la transformación y el enriquecimiento de la información que los individuos han logrado poseer gracias a la experiencia acumulada, y a las destrezas y competencias desarrolladas, con el fin de volcarlas, en forma de conocimiento significativo en acción, sobre la gestión de la organización, y obtener de este modo los plurales beneficios que se espera de la misma.

Ahora bien, si "gestión del conocimiento" es un término largo tiempo acuñado y de uso generalizado, no lo es tanto la delimitación de su exacto significado, por lo que puede entenderse también como la aplicación de métodos planificados para crear-capturar, distribuir-compartir, asimilar-aplicar, reutilizar-renovar lo que sabe una organización. Es decir, se trataría de detectar quién sabe, qué sabe, qué es utilizable de lo que sabe, y determinar cómo ese conjunto de saberes puede ser incorporado de forma eficaz a la variada y compleja estructura propia de la organización. Podemos afirmar, por tanto, que la gestión del conocimiento acepta ser vinculada tanto al aprendizaje organizacional como a la gestión de la innovación, a la productividad, o a la valoración del capital intelectual. De esta forma es posible decir que los resultados de la gestión del conocimiento son visibles cuando se crea conocimiento a partir de la propia gestión.

Para abordar ahora el concepto de *creación de conocimiento,* utilizaremos, como hemos hecho con anterioridad al tratar de su gestión, el mismo principio metodológico, haciendo un recorrido sistemático por el pensamiento de diversos autores.

Según Von Krog et al. (2000), si anhelan que el conocimiento tácito sea visible y agregue valor a sus procesos, las organizaciones deben poner el acento en hacer parte de su estrategia la creación de conocimiento. La importancia de hacer visible el conocimiento tácito, que construyen cada día las personas a través de las practicas propias de su saber hacer, está en reconocer el valor que éste puede tener cuando se coloca en su contexto y es mejorado por medio de las interacciones. El conocimiento tácito se obtiene mediante procesos internos individuales: la experiencia, la reflexión, la internalización y los talentos personales. En consecuencia, no puede ser gestionado o enseñado de la misma forma que el conocimiento explícito.

Para Nonaka e Ichijo (2001: p. 136), la contextualización del conocimiento tácito puede documentarse para convertirlo en conocimiento explícito social, el cual puede hacer parte de las rutinas organizacionales. Éstas, a su vez, pueden, a lo largo del tiempo y en diferentes espacios, compartirse con los demás miembros de un equipo o de la organización. Para resumir: "la conversión de conocimiento tácito en explícito es parte de la formulación de estrategias en una organización creadora de conocimiento".

Una de las formas de compartir el conocimiento tácito es la socialización[4], porque invita a que las personas estén motivadas, comprometidas, y a que hagan partícipes a los demás de sus emociones, intuiciones y sentimientos cada vez que se reúnen. Los medios para compartir el conocimiento tácito pueden estar enfocados hacia el ensayo, la observación directa, la descripción oral, la experimentación, la imitación y el trabajo en equipo colaborativo. Cada uno de estos medios tiene sentido si el conocimiento tácito aflora hacia el exterior desde la "mente de las personas" para ser compartido con los que tienen bases de conocimiento similares, lo que permitirá que pueda ser valorado.

Las capacidades de conocimiento, que se llevan al contexto de la socialización a través de los diferentes medios, son el análisis, el juicio, la reflexión y el diálogo constructivo que se hallan presentes en el trabajo mancomunado.

Para llegar a hacer visible la creación de conocimiento a partir de la *socialización*, el equipo debe externalizar[5] el conocimiento con el fin de volver explícito lo que es conocimiento tácito. En este paso es esencial el uso de la metáfora, la analogía, las alegorías y el lenguaje lúdico.

Según Von Krogh (2001), *externalizar* el conocimiento requiere expresar con palabras, prácticas y juicios comunes lo que se ha estructurado en el modelo mental de los individuos. El resultado de esta etapa será la definición de un concepto que tenga justificación a partir del uso, para que la evaluación pueda hacerse desde la indulgencia en el juicio y las críticas constructivas. El concepto debe ser capaz de mostrar qué puede hacer mejorar los procesos, las

---

[4] La socialización es el proceso de conversión del conocimiento tácito nuevo a través de experiencias compartidas. Como el conocimiento tácito difícilmente se formaliza y como muchas veces es propio de un tiempo y lugar específicos, su adquisición sólo se logra a través de las experiencias compartidas.

[5] La externalización e internalización, estos procesos involucran tanto la conversión de conocimiento tácito como explícito. Estos dos conocimientos se pueden expandir a través de un proceso de interacción mutua. La externalización es la conversión de conocimiento tácito en explícito y la internalización es la conversión de conocimiento explícito en tácito.

rutinas, los procedimientos y la forma de hacer las cosas vistas desde los usos o hábitos procesales.

El resultado final se mide así en términos de los productos visibles obtenidos mediante la *combinación*[6] de conceptos, servicios y productos existentes, además de las experiencias surgidas de las lecciones aprendidas y los diarios de campo que los equipos y las personas han tenido en el tiempo y en el contexto.

Al echar la vista atrás, los equipos deben ser capaces de reflexionar sobre los aprendizajes y la forma de mejorar la nueva aventura la próxima vez. Para que estos aprendizajes sean visibles se deben documentar e internalizar en las rutinas, de manera que se conviertan en un hábito. Como las rutinas hacen parte de la organización, éstas deben fluir para que los demás equipos puedan expresar sus opiniones acerca de las vivencias.

Con el fin de nutrir aún más los aportes anteriores, haremos énfasis ahora en lo manifestado por algunos otros autores que han incursionado en la creación de conocimiento.

De acuerdo con el pensamiento de Tsoukas y Mylonopoulos (2004), a los que citan Mitchel y Nicholas (2006), una organización que pueda crear conocimiento ha desarrollado una capacidad dinámica y única que sostiene potencialmente el aprendizaje organizacional continuo. En este sentido, esta capacidad dinámica es aún más visible cuando la creación de conocimiento sucede entre los individuos, teniendo en cuenta el contexto y la influencia del grupo (Nonaka & Takeuchi, 1995). Al referirnos a las capacidades dinámicas estamos hablando de un concepto creado a partir de un enfoque basado en los procesos y las rutinas de una empresa. Procesos y rutinas dirigidos a desarrollar y renovar sus capacidades organizacionales (Teece, 2001).

Para Mitchel y Nicholas (2006), la creación de conocimiento se basa en la consecución derivada de dos procesos. El primero es el llamado de

---

[6] La combinación involucra el uso de procesos sociales para combinar los diferentes tipos de conocimiento explícito que poseen las personas. Formas: reuniones y conversaciones telefónicas. La reconfiguración de la información existente mediante la clasificación, el añadir y la categorización del conocimiento explícito puede llevar a un nuevo conocimiento.

acumulación, que se da tanto fuera como dentro del equipo creador de conocimiento. Fuera del equipo, el conocimiento tácito diverso se acumula en diferentes áreas funcionales; mientras que dentro la acumulación describe el conjunto de *inputs* individuales de conocimiento que están disponibles teóricamente para él. El segundo proceso está relacionado con la interacción, donde se describe el uso del lenguaje y otros símbolos para desarrollar un entendimiento enriquecido y compartido.

Según João (2005), citado por Velilla y Campo (2009), "la organización que crea conocimiento es considerada como un organismo vivo, como una sensación colectiva de identidad y con un propósito fundamental". En este sentido, la creación de conocimiento es la esencia de las organizaciones, porque las permite reducir riesgos, reducir las incertidumbres y, sobre todo, utilizar el conocimiento de las personas apoyando sus ideas y llevándolas a la práctica. De esta manera se convierten en empresas con competencias esenciales que garantizan la supervivencia en mercados de entornos cada vez más exigentes.

De acuerdo con las ideas de Quinn (1992), citado por Soo, Midgley y Devinney (2004), "la capacidad de administrar el intelecto humano —y transformar los productos intelectuales en un servicio o un grupo de servicios atados al producto— se está convirtiendo rápidamente en la destreza crítica del ejecutivo de esta era". Del mismo modo, Soo, Midgley y Devinney, hacen énfasis en los aportes de Teece y Pisano (1994) cuando desde el concepto de las capacidades dinámicas consideran que las organizaciones deben "adaptar, integrar y reconfigurar interna y externamente las destrezas organizacionales, los recursos y las competencias funcionales a los entornos cambiantes", pues son ellas las que hacen que la creación de conocimiento sea visible en los procesos.

Para Soo, Midgley y Devinney (2004), el trabajo necesario para construir y renovar los inventarios de recursos tangibles e intangibles de la organización implica realizar dos actividades importantes basadas en el conocimiento: en primer lugar, la adquisición de conocimiento, y en segundo, la utilización de este conocimiento en los procesos y las prácticas organizacionales destinadas a crear nuevo conocimiento y a la innovación. Cualquier firma tiene la posibilidad de ser capaz de adquirir conocimiento de su ambiente.

Otra variable de interés en el proceso de creación de conocimiento son las actividades de aprendizaje, las cuales han sido estudiadas por Martínez y Ruiz (2007) a partir de los aportes de Kolb (1984), Kim (1993), Crossan, Lane y White (1999) y Moreno-Luzón, Balbastre-Benavent, Escribá-Moreno, Lloria-Aramburo, Martínez-Pérez, Méndez-Martínez et al. (2000).

Kolb (1984) y Kim (1993) identifican la acción como el elemento generador de todo el proceso, y es sobre la que hay que observar y reflexionar, lo que en definitiva permite su evaluación. Por su parte, el modelo de Crossan et al. (1999) identifica en el ámbito de la creación de conocimiento el desarrollo de dos actividades: la intuición, que es exclusiva del nivel individual, y la interpretación, que es compartida con el ámbito grupal.

A este respecto podemos decir que la intuición se considera una actividad individual cuyo origen está en la mente del individuo, que es el que posee este atributo; aunque hemos de reconocer que los procesos mentales que la provocan no se hallen bien definidos. En definitiva, la intuición puede ser definida como el reconocimiento preconsciente de las similitudes y diferencias entre los distintos modelos y posibilidades, asociándolos a alguno ya existente, que permite saber que hacer casi espontáneamente (Martínez, 2002).

Por su parte, la interpretación consiste en la explicación, a uno mismo y a los demás, de una acepción o una idea, mediante la creación y refinamiento de un lenguaje común, la clarificación de imágenes y la acción.

Moreno et al. (2000), basándose en el estudio de Crossan et al. (1999), consideran que las actividades del proceso mental de aprendizaje son internas, pues se refieren a la reflexión, la intuición y la interpretación. En realidad, al proceso le afecta tanto el tipo de información sometida a dicha transformación como los conocimientos y habilidades previos que la persona posee (aptitudes), así como sus valores y sus actitudes, que actúan como filtro, y el conocimiento creado en un momento determinado, pues puede servir como *input* para otro proceso de aprendizaje posterior, tanto si lo lleva a cabo la misma persona como sí resulta ser otra.

3.3. Las Competencias de Conocimiento y el Aprendizaje

Cuando somos capaces de identificar nuestras competencias de conocimiento, y además podemos aplicarlas en las prácticas, es posible lograr un conocimiento valioso que enriquezca nuestro saber-hacer. En el caso de las competencias de conocimiento relacionadas con la realimentación surgida a partir de los datos y la información, podemos relacionar nuestras propias experiencias con la información, dando como resultado un conocimiento cognitivo sobre cuyas bases es posible desarrollar nuevos conceptos y nuevas teorías. En el caso de las competencias de conocimiento relacionadas con la realimentación debida a las interrelaciones con terceros, es importante saber escuchar pacientemente las opiniones y puntos de vista de los demás, pues ello es lo que nos ayuda a interpretar nuestros propios pensamientos. Para el caso de las competencias de conocimiento implícitas en el cognitivo hay que tener presente que tienen valor cuando se pueden realizar acciones de forma continuada en relación con el análisis y la internalización de las lecciones aprendidas, creando con ello nuevo conocimiento.

Por otro lado, Amit y Schoemaker (1993) argumentan que toda empresa que posee recursos y capacidades facilita el desarrollo de una ventaja competitiva sostenible. Este argumento es aplicable a aquellas empresas que adquieren recursos idiosincráticos y heterogéneos —entendidos en su sentido más amplio, e incluyendo por tanto las capacidades— sobre las cuales basar su estrategia.

Estos autores definen los recursos y las capacidades como "aquellos stocks de factores, propios o controlados, disponibles por la empresa". Los recursos al final se convierten en productos o servicios, siendo utilizados en un amplio rango junto a otros activos. Entre los recursos podemos encontrar el "Know-How", que puede ser comercializado (ej.: patentes y licencias); los activos físicos y financieros (ej.: la propiedad, las plantas y los equipos), y el capital humano. En este proceso, la ventaja competitiva es alcanzada cuando las estrategias son un éxito debido a la influencia de este tipo de recursos, Hitt, Ireland y Camp (2001).

Para Mahoney y Pandian (1992), y en ello coinciden con Amit y Schoemaker (1993), las empresas con capacidades exclusivas en términos de "Know-How" técnico y habilidad en la gestión son una importante fuente de heterogeneidad, que puede dar como resultado esa ventaja competitiva sostenible. De igual forma, al hablar de heterogeneidad, los recursos y capacidades acumulados hacen que estos activos estratégicos sean heterogéneos a lo largo del tiempo. En el mismo caso se encuentra la competencia distintiva y las rutinas organizacionales de alto nivel aplicadas a una o más funciones de la cadena de valor, su diversidad permite a las empresas generar rentas a partir de la posición ventajosa de sus recursos (Hitt & Ireland, 1985).

Sin embargo, cuando los mercados son dinámicos o de "alta velocidad", caracterizados por unos límites borrosos, y por modelos de negocio exitosos, pero inciertos, cuyos participantes —compradores, proveedores, competidores y complementarios— son ambiguos y cambiantes, la estructura general de la industria no está clara, por lo que la incertidumbre no puede modelarse mediante probabilidades, debido a que no es posible especificar a priori los posibles estados futuros. Este aspecto plantea importantes problemas, tanto para la detección de las amenazas y oportunidades externas por parte de la Economía Industrial, como para la identificación de las fortalezas y debilidades internas desde la Teoría de Recursos y Capacidades.

El hecho de referirnos al entorno de la CDN y su relación con las capacidades dinámicas viene motivado porque el ambiente es incierto y ambiguo debido a los problemas políticos y económicos que se perciben en las distintas regiones en Colombia. Según Eisenhardt y Martin (2000), las capacidades dinámicas necesariamente descansan mucho menos sobre el conocimiento existente y mucho más sobre la rápida creación de nuevo conocimiento. El éxito en este tipo de contextos depende en gran medida del descubrimiento y el desarrollo de oportunidades, de la efectiva combinación de las invenciones interna y externamente generadas, la protección de la propiedad intelectual, y la mejora de la "buena práctica" en los procesos de negocio (Casadesus y Ricart, 2007, citados por Cruz, López y Martin de Castro, 2009).

Para Decarolis y Deeds (1999), las capacidades dinámicas se definen como un conjunto integrado de las actividades de gestión, que tienen un efecto en el modo en que son explotadas y en el cómo se renuevan y se cambian los recursos de la empresa basados en el conocimiento.

Tissen et al. (2000) comentan que el problema real con el que se encuentran la mayoría de las organizaciones está en la resistencia a cambiar de comportamiento ante la buena información. Dentro de las capacidades que debería tener toda organización apta para generar conocimiento de valor está la *capacidad para crear y la capacidad de aprender*. La primera está relacionada con la creación de conocimiento a partir de los equipos de I+D, que emplean el conocimiento existente de una forma nueva, haciéndolo a partir de las interacciones con los clientes, los viajes de negocios, y las fuentes ocultas de información y conocimiento, creando así nuevas combinaciones. La segunda se refiere a los aprendizajes que pueden tener los propios empleados a partir de sus experiencias y sus clientes, sus competidores y sus colegas.

Un aporte de gran valor de estos autores está relacionado con la visibilidad de competencias requeridas si se tiene que utilizar el conocimiento como medio de producción. Estas competencias se dividen en tres grandes grupos: competencias que nos ayudan a aprender de la información; competencias que nos ayudan a mejorar nuestro pensamiento, y competencias que nos ayudan a interactuar mejor con nuestros colegas y el mundo que nos rodea.

Las competencias relacionadas con el aprendizaje a partir de la información están dirigidas a localizar fuentes de esta naturaleza, a verificar que los datos se conviertan en información y a estar abiertos a la nueva información teniendo en cuenta la intuición.

Las competencias relacionadas con la mejora del pensamiento están dirigidas al análisis desde el enfoque racional del juicio inteligente, a utilizar la creatividad y a sopesar las lecciones aprendidas.

Las competencias sociales están relacionadas con el diálogo y la escucha activa, el trabajo en equipo para compartir el conocimiento, y la creación de redes.

3.4. Las Dimensiones de Interés

Antes de ahondar en las dimensiones de interés, debemos hacernos la siguiente pregunta: ¿Qué significa el desarrollo del interés en un Equipo?

Para responder a esta pregunta debemos trasladarnos a la forma de ser y hacer en las organizaciones de Japón. Al detenernos en los estudios y los aportes de Nonaka y Takeuchi (1995-2007) descubrimos que una de las variables de mayor valor en las relaciones e interacciones entre las personas es el *desarrollo del interés* por algo. Buen ejemplo de ello es la ayuda prestada a otro para que progrese cognitivamente dentro del equipo, la cooperación entre los miembros de un equipo que trabajan en torno a un mismo proyecto, el compartir el conocimiento tácito después de haber tenido una experiencia en un contexto determinado, el buscar el conocimiento adecuado dentro de los colegas para tomar una decisión, el interés en los aprendizajes a través de la relación mentor-aprendiz, el logro de la simbiosis en un equipo como parte del compromiso con una experiencia, la relación de experiencias con cada fuente fundamentadas en el interés, la capacitación de otros pares en el seno de la organización, el desarrollo de talleres que mejoren las capacidades de los miembros de la organización, etc. A partir de este resultado Nonaka y Takeuchi (1995-2007) pudieron llegar a algunas conclusiones: la primera está relacionada con el fin que persiguen las relaciones interpersonales, que en la construcción de conocimiento debe ser de carácter útil y constructivo para ambas partes (ej.: mejorar constantemente el conocimiento actual localizado en las prácticas y sus procesos); la segunda hace énfasis en que las buenas relaciones libran de desconfianza, temor e insatisfacción al proceso de aprendizaje, y permite a los individuos sentirse seguros cuando comparten el conocimiento resultado de las experiencias (ej.: el aporte de nuevas ideas al enfrentare a un problema y el activar la escucha paciente); la tercera invita a las personas a utilizar las palabras "unámonos y compartamos" en vez de "no te quiero en mi equipo", lo que influye en positivo a la hora de compartir el conocimiento tácito de gran valor (ej.: aunque supongamos que alguien no tiene conocimientos y habilidades, su punto de vista debe ser considerado importante); la cuarta tiene que ver con la idea generalizada en la sociedad de que el conocimiento equivale a poder, y por eso, como mecanismo de protección, no se comparte, cuando lo natural debiera ser lo contrario: el compartir las experiencias como una práctica común y cotidiana del quehacer habitual. En este sentido, es posible decir que quien tenga todavía esta idea puede quedarse solo en un equipo, y que su conocimiento, al no renovarse, corre el riesgo cierto de quedar en poco tiempo obsoleto.

Hechos estos planteamientos, es fácil llegar a la conclusión de que una de las fases del proceso de aprendizaje-desaprendizaje de los integrantes del equipo de KM de la CDN estuvo ligada a las dimensiones del interés, para de ese modo crear un ambiente que favoreciera el intercambio de conocimiento.

4. Metodología

En la configuración de este apartado nos detendremos en el proceso de mentoría en gestión del conocimiento. Se trata de ver el modo de desarrollar capacidades específicas en los diferentes directores, tanto nacionales como regionales. En la práctica, lo primero es establecerse un acuerdo consensuado, mediante el oportuno análisis previo, sobre lo que significa y debe llegar a ser un 'gestor de conocimiento', fijándose este extremo como la meta que necesariamente ha de ser visible en la práctica (Blanco, 2012). Después, se trata de seguir presentando las fases del proceso mediante una analogía que cobre valor en la contextualización de la gestión del conocimiento.

En el desarrollo práctico de estas dos premisas habrá que decir, en primer lugar, que todo buen gestor del conocimiento debe hacerse auto-evaluaciones continuas, para con ello saber qué conocimientos ha internalizado, cómo los ha internalizado, qué conocimientos ha transferido, cómo los ha hecho visibles en el otro, y qué brechas identifica en sí mismo y en aquellos a los que ha transferido ese conocimiento. A partir de la toma de conciencia del resultado de su autoevaluación podrá identificar qué parte del camino ha recorrido, cómo lo ha hecho y qué paradigmas ha tenido que modificar. De igual forma, comprenderá qué aprendizajes hacen parte de su modelo mental, y qué brechas de conocimiento son visibles cuando se plantea hacer evidentes las transformaciones sociales en las familias que asisten a las ludotecas. Está claro que nuestra responsabilidad nos obliga a situar en primer plano a los ludotecarios y, en un segundo lugar, a las demás personas de la CDN. Visto así, los ludotecarios habrán de preguntarse: ¿cómo es mi autoevaluación actual?, ¿cuál es mi siguiente paso a la vista de los resultados que he obtenidos?, ¿quién puede ayudarme a lograr lo mejor de este proceso?

En segundo lugar, quiero hacerles partícipes, como mentor, de los aprendizajes que yo mismo he obtenido sobre lo que significa ser un buen 'gestor de conocimiento', es decir, que es consciente, en términos de valor, de lo que significa el ser capaz de transformarse, adaptarse, analizarse, de observarse a sí mismo, y de interrogarse.

Para ser gestor de conocimiento se debe romper con los múltiples paradigmas que nos han transmitido en el modelo educativo. El gestor de conocimiento debe hacer ante todo un proceso de aprendizajes consciente, de auto-observación constante, de mayor rigor en el análisis, de mayor disciplina en los aprendizajes, de mayor visión sobre el entorno, de utilización de la lógica circular y no la lineal; se trata de salirse de los enfoque pedagógicos que se han utilizado o uno mismo utiliza. Sin un análisis previo, nada se memoriza por la única razón de considerar que tiene valor absoluto en sí mismo. Todo se examina y se estudia, todo se hace bajo la reflexión, todo se fundamente en la utilización al máximo del conocimiento. Para ser gestor de conocimiento es necesario estar siempre abierto a limpiar el modelo mental de nuestro medio, es estar abierto a las sugerencias de otros que ya han transitado este camino, es estar abierto a escuchar pacientemente, es estar abierto a ser humilde y sencillo, es estar abierto a aprender más allá de lo que se cree haber aprendido, es estar abierto a saber que el conocimiento que se tiene hoy no será el mismo de mañana a esta misma hora, es estar abierto a saber interpretar; se trata de reflexión, reflexión, y más reflexión, y de preguntarse: ¿dónde me encuentro?... y de buscar y encontrar respuestas...

En tercer lugar, es necesario decir que un buen gestor del conocimiento es aquel que sabe lo que está bien hecho y lo que es mediocre. Se felicita a sí mismo porque sabe que lo que está bien hecho logra mejoras, logra transformaciones, logra aprendizajes, logra resultados visibles y aceptables dentro de la evaluación. Por eso se pregunta constantemente: ¿qué debo mejorar mañana con respecto a lo que hice hoy? El buen gestor del conocimiento no deja que su mente se llene y se conforme con la estática del pensamiento inmovilista, sino del conocimiento dinámico, porque cada vez que se lleva a la práctica se transforma, alimenta las bases de conocimiento existente y crea más pasión por el aprendizaje.

En cuarto lugar, un buen gestor del conocimiento llega a su trabajo con las dimensiones de interés puestas al cien por cien en su actitud. Siempre está presto a ayudar a los demás, siempre está generando confianza en las interacciones, siempre se pone en los 'zapatos' de los otros, siempre desea experimentar, siempre opina desde la indulgencia en el juicio. Sus interrogantes se centran en 'el cómo' me comporto yo actualmente frente a las dimensiones de interés, en 'el cómo' tengo evidencias de haberlas aplicado con los demás, y en 'el cómo' los demás han percibió aquellas de mis actitudes centradas en las dimensiones de interés (Blanco, 2012). Esas son las preguntas que también debe hacerse constantemente el gestor del conocimiento.

Suele decirse que un ejemplo vale más que mil palabras. Precisamente por ello creemos que es bueno hacer ahora un relato de lo que vamos a llamar el "viaje", que se hizo en torno a la mentoría en gestión del conocimiento de la CDN, para que de esta forma queden explicitadas tanto la metodología como las características y secuencias de las diferentes fases. Se trata del símil del supuesto viaje de una nave, y ello nos va a permitir comprender mejor los conceptos, las actitudes, las interrelaciones... que estamos manejando.

A comienzos del año 2013, nos aventuramos a iniciar este segundo viaje hacia la gestión del conocimiento sin saber cómo seríamos, qué deseábamos, cuál era nuestro interés, cómo nos relacionaríamos y qué buscábamos en el fondo de nuestro saber-hacer; en definitiva, un viaje experimental con muchos interrogantes abiertos.

En aquel momento sólo teníamos un proyecto, como si fuera una ruta trazada en una carta de navegación, que respondía a los condicionamientos propios de un precontrato marítimo de la modalidad "por "Viaje". Dadas sus características, para este segundo viaje se nombró a un capitán idóneo como mentor, a un primer oficial a nivel nacional con la misión de formarse específicamente para hacerse cargo de la nave en lo sucesivo, es decir, de ser el sucesor, y tres oficiales regionales más, en prácticas, como aprendices y apoyo posterior del sucesor. El capitán asumió el rol de mentor desde el momento en que dijo sí a este viaje y se hizo cargo del mando. El primer oficial asumió su papel de sucesor en el mando a partir de la confianza que le había manifestado el Capitán-mentor, el cual, a su vez, debía transferir los aprendizajes y comprensiones a los otros tres oficiales. Si observamos la foto adjunta, podríamos decir que habíamos descendido de un contexto conocido, con sus propios conocimientos y responsabilidades, a otro con nuevos compromisos, competencias, y tareas para unos, y sólo medianamente conocido por otros.

El capitán, como es preceptivo, organizó el viaje y compartió los contenidos de su hoja de ruta con el resto del personal implicado. Para llevar a cabo esta labor impartió talleres vivenciales a sus oficiales, con el fin de nutrir sus bases de conocimiento y así hablar un mismo lenguaje, lo que permitiría una comunicación fluida y fácil. Con el primer oficial se reunió varias veces durante todo el año para hacerle compartir su modelo mental para la ruta trazada y el contenido

del almacén de conocimientos tácitos y experiencias vividas que había ido acumulando durante varios años; producto todo de sus prácticas en otras rutas o contextos nacionales e internacionales. Para lograr que el primer oficial mostrara interés por este viaje, el capitán creyó al cien por cien en que su primero aprendería todo lo necesario, confiando en que llegado el momento lo compartiría con los demás oficiales, y que éstos, a su vez, harían lo mismo con los demás componentes de los diferentes equipos de trabajo. Una de la bazas que jugó el capitán en la interacción con el primer oficial fue la de ponerse todo el tiempo en su lugar al recordar las aventuras que había vivido cuando estaba en su propio proceso de aprendizaje de la gestión del conocimiento, y cuando decantaba el conocimiento tácito en sus diarios de alumno. Y todo esto por allá, en un país denominado vasco, al norte de España, metido en los Parques Tecnológicos y en el Clúster del Conocimiento.

El capitán, después de compartir sus experiencias con el primer oficial, revisaba su cuaderno de bitácora para cerciorarse de que estaba en la ruta y el rumbo adecuado para llegar a buen puerto. Al primer oficial, preguntas, inquietudes y dudas lo asaltaban de vez en cuando, porque cada vez quería aprender más cosas. Aprender y saber cómo se llevaba a la práctica la gestión del conocimiento. El capitán, para hacerse entender, y para que las palabras no se quedarán en el aire sino que tuvieran un sentido y fueran objetivos para el primer oficial, utilizaba su graficación mediante "garabatos trazados en las servilletas de las cafeterías donde se reunían".

Algunas veces, tanto el capitán como el primer oficial sentían que el barco no avanzaba a la velocidad y con el ritmo deseado... y entonces hacían paradas técnicas para revisar lo qué estaban aprendiendo y como se estaba ubicando en el modelo mental de cada uno de los miembros de la tripulación. En realidad, el tiempo estaba siendo una barrera, porque en el barco (CDN) todo se quería hacer "para ya", sin detenerse a considerar el resultado del impacto de la prisa en los niveles del rendimiento final.

Al abordar la cuestión del valor de las competencias en un gestor de conocimiento, éstas se tornaban oscuras para el primer oficial, y sólo cabían en su imaginación. En realidad, le resultaba muy difícil ponerlas en contexto y llevarlas a la práctica. El capitán intentaba con paciencia compartir sus aprendizajes y facilitar al primer oficial un tiempo que le permitiera reflexionar, darse cuenta de la dimensión de todas las cosas, y organizar las ideas en su cabeza, es decir, poner a tono su modelo cognitivo.

Un día, en una de tantas reuniones, el primer oficial dijo que se sentía feliz porque había comprendido la razón por la que las competencias de conocimiento eran básicas y esenciales para todo navegante. Que entendía que se trataba de saber qué podía aprender y de cómo refinar las prácticas relacionadas con los procesos. Al primer oficial ese día se le notaba feliz, y se fue a la borda del barco para disfrutar más del paisaje. Podía ver con mayor claridad cuál era el camino en su proceso de aprendizaje y desaprendizaje.

Pero el viaje debía continuar, y el próximo rumbo estaba destinado a aprender qué era eso del modelo de aprendizaje y las tres variables que lo sustentan.

El primer oficial miró sorprendido al capitán y preguntó:

—Capitán, ¿de qué está usted hablando?

A lo que el capitán contestó:

—Una persona es consciente de sus aprendizajes cuando puede unir a sus prácticas las realimentaciones que surgen cuando hace uso de la información adecuada, cuando encuentra el valor de las interacciones con los demás y cuando hace uso de su propia experiencia".

Entonces, el primer oficial, reflexionando dijo:

—O sea, que para identificar y nutrir los aprendizajes se deben ligar las realimentaciones de las tres variables, ¿es así?

El capitán le contestó afirmativamente:

—Sí; pero vamos a verlo con un ejemplo.

Resulta que para tener una profunda comprensión de un contexto en el que se realizan las prácticas propias del saber hacer es necesario actuar, por ejemplo, como un submarinista (ver la foto).

Cada vez que desciende al fondo del mar, analiza la información que ha estado documentando y que otros le han enviado o compartido a través de reuniones personales, cara a cara, o mediante procedimientos electrónicos de comunicación a distancia, como el skype. Estos procedimientos son los que le ayudarán a encontrar lo que desea, y le permitirán tomar las decisiones necesarias con mayor seguridad. Esa es la realimentación que surge de la información. Cuando este submarinista habla

con los colegas (profesionales o amateurs) de su país, y de otros países, sobre las experiencias que han tenido, y él las relaciona con su propia experiencia, además de experimentar llevándola a la práctica se está realimentando de las interacciones. Cada vez que este submarinista baja al fondo del mar pone a prueba sus conocimientos y hace uso de su destreza, de forma que siempre está consciente de lo que hace. Incluso, cuando tiene acumuladas varias experiencias hace mejor su trabajo, porque la veteranía es la que le ayuda a mejorar cada día en su actividad, sea ésta lúdica o profesional. Y lo mejor de todo es que este submarinista lleva un diario de su actividad, y en él tiene explicados los 'cómos', los 'para qué' y los 'porqués' de cada viaje, como ocurre con la foto adjunta.

El hecho de tener todo documentado ayuda a los demás cuando se comparte con ellos el conocimiento que uno ha estado acumulando a lo largo de su trayectoria profesional o vital. El submarinista de nuestro ejemplo nos

está diciendo que ese conocimiento que él documenta es para saber cómo lo ha desarrollado, cómo ha refinado sus competencias, y cómo ha mejorado el modelo mental que posee basado en las tres variables. Ello es lo qué ha permitido que su experiencia le ayude a hacer las cosas bien, y de manera eficaz, en su trabajo como submarinista.

Entonces, el primer oficial se pone como meta el poner en práctica lo que hace el submarinista, y organiza cada día su modelo mental para compartir sus aprendizajes con los otros oficiales, y de este modo los guía a través de ejemplos, a través de sus

propias historias. Los invita a hacer un viaje para observar las ballenas en el océano pacífico, cerca de una Isla llamada Gorgona-Colombia- y les comparte cómo es el proceso de instrucción desde la internalización del modelo de aprendizaje basado en las realimentaciones.

Un día, el primer oficial comentó al capitán que a él le había motivado mucho el haber establecido una relación basada en la confianza, y el capitán le respondió que para él había sido esencial confiar, pues partió del hecho de que como primer oficial aprendería sin dificultas desde el procedimiento propio de la mentoría. Fue así como el capitán le comentó que en las organizaciones Japonesas la cultura es la piedra angular de la gestión del conocimiento, y que por esta piedra angular los resultados eran visibles cuando se trataba de crear conocimiento. El primer oficial inmediatamente convocó al equipo de oficiales a su cargo para estudiar la posibilidad de realizar un taller sobre las dimensiones de interés, es decir, sobre la cultura de la gestión del conocimiento.

El capitán, al ver el entusiasmo del primer oficial organizó el taller para que en vivo y en directo pudieran comprender el significado de cada una de las dimensiones de interés: la generación de confianza, la empatía activa, el acceso a la ayuda, la indulgencia en el juicio y la valentía. Para esto propuso como ejemplo un rescate en altamar, para que pudieran aplicar todas y cada una de las citadas dimensiones (ver fotos).

La generación de confianza se hizo visible cuando uno de los oficiales hizo de superviviente inmovilizado, es decir, escenificó la imposibilidad de moverse en el agua, y los otros le dijeron al capitán que actuarían de inmediato: lo acompañarían todo el tiempo que fuera necesario, le darían ánimo, lo sacarían del agua, no lo abandonarían a su suerte en medio del mar. La empatía activa fue visible cuando uno de los oficiales le daba masajes en todo el cuerpo para que no perdiera el sentido a causa del frío, es decir, se puso en la grave situación del otro. El acceso a la ayuda fue la constante, porque todos se prestaban ayuda unos a otros para evitar el ahogamiento de cualquiera de ellos en aquellas olas de mar gruesa, se prestaban los chalecos a los más agotados, se daban ánimo los unos a los otros, y aplicaban todas sus habilidades y destrezas para permanecer a flote mientras llegaba la ayuda desde el helicóptero de rescate.

Después de todo, la experiencia no se debía dejar en el recuerdo de los participantes, por eso, el primer oficial le propuso al capitán hacer con el resto de los oficiales una mesa de aprendizaje sobre el rescate en altamar. Se organizó el taller en este sentido y a cada uno se le formularon varias preguntas que estaban directamente relacionadas con la experiencia vivida. Sirvan como ejemplo las siguientes: ¿Qué esperabas que sucediera en la experiencia?, ¿qué sucedió en realidad?, ¿qué funcionó bien y porque?, ¿qué podemos mejorar y cómo?, ¿qué sigue con relación al seguimiento de los aprendizajes a partir del desarrollo de las competencias que poseen los oficiales con relación a los procesos que gestionan? El capitán explicó el sentido y alcance de las preguntas, en qué consistía cada una de ellas, y los participantes las documentaron con arreglo al formato de registro de la mesa de aprendizaje. Pero la mesa de aprendizaje no sólo tiene como fin el hacer las preguntas y el finalizar el registro de las respuestas con un relato de lo acaecido a modo de informe técnico. La mesa de aprendizaje es algo más. Se trata de compartir lo que cada uno ha sentido en la experiencia vivida, es compartir las emociones, los sentimientos, las ideas que aparecieron en su momento cuando todo sucedía. Por estas razones, la mesa de aprendizaje aviva el deseo de aprender, aviva el deseo de experimentar, aviva el deseo de profundizar más en los conceptos, en las teorías, en lo que otros han vivido...

Después de llevar varios meses de aprendizajes y desaprendizajes, el primer oficial hizo varias visitas a unos lugares llamados "ludotecas regionales", donde se localizaban cada uno de los oficiales aprendices. A su regreso le comentó al capitán que había presenciado en vivo y en directo cómo un oficial aprendiz dirigía un taller a sus marineros con el fin de guiarlos en la aplicación de una guía de observación destinada a desarrollar las capacidades de análisis, de reflexión y de la propia observación. El taller se proyectó bajo la base de poder observar un hecho a partir de varios interrogantes bien explicitados y con el fin de ir y ver más allá de lo que normalmente se estaba haciendo en esas mismas circunstancias. El primer oficial comentó al capitán que había sido testigo de cómo los marineros aplicaban la guía de observación pensando en el modo de alcanzar varios objetivos específicos, para luego documentar lo observado y hacer los respectivos análisis. Todo debía conducir a aplicar el análisis y relacionarlo con los marineros, sus actividades, sus comportamientos, sus emociones y sus sueños, para conseguir llegar a ser los mejores capitanes en un futuro.

Como todo proceso de aprendizaje, en el que nos encontrábamos se partía de un origen y se llega a un fin. Conscientes de la validez de esta lógica premisa se organizó también un taller de inmersión llamado "experimentar para aprender y refinar la experiencia". A finales del 2013 se diseñaron talleres con el primer oficial para aplicarlos en un grupo de marineros que estaban haciendo su formación para ser gestores de conocimiento. El capitán, en su afán por ayudar a los marineros en la comprensión del valor de la gestión del conocimiento, construyó un cuento basado en un árbol que deseaba convertirse en un "gestórico", es decir, un niño gestor de la información y el conocimiento. El en taller, los marineros tomaron nota de las frases que mayor impacto les habían causado. Su sentido era el que debían poner en práctica. Pero lo más significativo se produjo cuando los marineros tuvieron que hacer representaciones escenográficas sobre las dimensiones de interés. Definitivamente, el arte de la escena estuvo presente en todas las dimensiones, y la comprensión de su significado fue la esencia del taller. Para finalizar, se hizo una representación sobre el valor de llevar DICES a la práctica, y ello se hizo visible cuando, a partir de los objetivos de cada proyecto, los marineros pudieron percatarse de cómo se habían convertido los datos en información, la información en conocimiento, el conocimiento en experiencia, y la experiencia en sabiduría.

Después de la experiencia con DICES, los marineros de toda la organización realizaron un taller sobre cómo se hace visible SECI (socialización, externalización, combinación e internalización). En el inicio del taller a cada grupo se le entregó la definición de los términos lingüísticos que iban a manejar.

El desarrollo metodológico planteó el trabajo con ochenta personas. En este caso se trataba de aprender cómo se desarrolla la estrategia SECI a partir de lecciones aprendidas que han sido documentadas por varias personas. Esta actividad se hizo como cierre a todo el proceso de mentoría.

La Actividad con las ochenta personas, se organizó formando ocho (8) grupos. Su misión era la de llevar a la práctica la estrategia SECI. Debíamos partir de ocho (8) lecciones aprendidas que el primer oficial y un oficial-aprendiz se encargarían de seleccionar de acuerdo con las características propias de cada una. Para el caso, los líderes de cada grupo se escogerían entre aquellos miembros que mayor experiencia en su saber hacer poseían y, además, hubieran codificado las mejores lecciones aprendidas de acuerdo con las evaluaciones y calificación obtenidas. Los líderes recibirían un apoyo sobre la forma en la que debían compartir las lecciones aprendidas con los demás compañeros. El desarrollo del taller se llevaría a cabo en sucesivos momentos o secuencias.

En la primera, el líder del grupo tomaría la decisión de ver cuál es la mejor forma de compartir la lección aprendida. Para que los demás logren conectarse y comprender qué pasó en todo el proceso, la lección aprendida debe compartirse como si se estuviese viviendo en el presente. No se trata de explicarles a los demás cómo la documentó, sino cómo vivió esa experiencia de principio a fin. Para ello, el líder debe recurrir a sus dotes de actor.

En la segunda, los integrantes del grupo tomarán nota de forma individual sobre qué acciones y/o momentos de la lección aprendida son similares a los que ha estado viviendo en su saber hacer. Deben fijar su atención de forma especial, y tomar apunte de aquellas acciones y/o momentos que le han resultado novedosos y le han producido curiosidad en relación con el modo en que deben ser llevados a la práctica. Deben reseñar un comentario sobre la importancia que específicamente tiene esa lección aprendida, con el fin de mejorar el saber hacer.

En la tercera de las secuencias, una vez finalizada la anterior, los integrantes del grupo deberán reunirse para compartir las reflexiones personales y las experiencias surgidas del desarrollo de los puntos anteriores y, de este modo, entre todos mostrarán su opinión sobre las estrategias adecuadas para llevar a la práctica el conocimiento de mayor valor, y ver en prospectiva qué esperan que pase cuando lo apliquen en su quehacer diario.

Como último acto, se entiende que ha llegado el momento en que los integrantes de los grupos manifiesten sus compromisos junto a los aprendizajes obtenidos del ejercicio.

Una vez realizado en su integridad el taller de SECI que hemos descrito, el primer oficial y los tres oficiales aprendices se acercaron al capitán para comentarle que el taller en el que habían estado trabajando dejó ver qué actitudes, qué aptitudes y qué conocimientos poseían cada uno de los marineros en el contexto donde habían vivido y documentado la lección aprendida.

Los marineros, en un total de cien (100), quedaron conmovidos, y aún más, comprometidos por los aprendizajes y desaprendizajes que habían asumido en este taller.

El capitán pudo ver su reflejo en cada uno de los sucesores de conocimiento: el primer oficial y los tres oficiales aprendices. Había llegado por fin al destino deseado, y pudo saborear los resultados obtenidos en forma de conocimientos que, fruto de sus experiencias, había dejado a flor piel en cada uno de ellos. A partir de ese momento reconoce haber quedado más que convencido de que la sencillez, la humildad, y la capacidad de ponerse siempre en el modelo mental de los demás, haría que su mentoría no fuese olvidada por mucho tiempo.

Como no podía ser menos, el capitán y los oficiales, con varios marineros, compartieron una cena para celebrar el valor de las metas logradas en el contexto del saber ser y del saber hacer de la CDN.

Una vez terminada la velada con la clásica copa de champaña, el capitán les agradeció a todos su participación y sus aportaciones durante un viaje tan singular, pues había sido programado para hacer madurar en todo momento sus conocimientos. Les deseó buena noches, y se fue a su camarote a dormir tranquilo, sin pensar en nada, pero consciente del valor del trabajo realizado.

5. Resultados

Como término lingüístico, conocimiento tiene una amplia gama de significados: (1) Entendimiento, inteligencia, razón natural; (2) Cada una de las facultades sensoriales del hombre en la medida en que están activas; (3) Noción, ciencia, sabiduría; (4) Facultad de saber lo que es o no es conveniente y de obrar de acuerdo con ese conocimiento; (5) Cosas que se saben de cierta ciencia, arte, etc. Dicho esto, es fácil observar que el denominador común de todas ellas es el ser humano, entendido como persona, es decir, individuo de la especie humana, inteligente, adornado de prendas, capacidades, disposiciones y prudencias. No es extraño, por tanto, que al hablar de gestión en relación con el conocimiento estemos focalizando nuestro interés en las personas, pues ellas son centro o clave en la gestión del conocimiento. Por su importancia, es a las personas implicadas en la gestión del conocimiento a las que hemos venido dedicando nuestra atención en los procesos formativos descritos hasta ahora, y es a la persona, como sujeto inteligente lleno de posibilidades, al que dedicaremos también nuestra atención en el momento de objetivar los resultados.

5.1. Resultados de "la Persona como Centro de la Gestión del Conocimiento"

Dentro del marco metodológico que hemos adoptado para la presentación de determinadas partes de este capítulo está el de abordar algunas cuestiones mediante ejemplos en forma de narraciones, historietas, o cuentos en los que los personajes reflexionan, se interrogan unos a otros, o a sí mismos, mientras avanza en forma de trama toda la explicación del tema planteado.

En este caso, el mentor-Carlos Blanco- redactó un cuento en el que tomó como actor principal al niño/niña que acude a las ludotecas para jugar. El cuento se construyó con el fin de relacionar a los ludotecarios, en su papel de gestores de conocimiento, con la personalidad de un niño/niña cualquiera de los que habitualmente encontramos en los centros de la institución, y dice así:

"Érase una vez un arbolito-niño que quería ser el mejor árbol de una corporación llamada Día de la Niñez. El arbolito-niño pidió en un sueño un deseo a la madre tierra, al padre sol, y a sus amigos el aire y el agua. Quería crecer en un medio donde pudiera ser la mejor persona, el mejor colaborador, el mejor padre o la mejor madre, el mejor hermano o hermana, y el mejor amigo. En el sueño se imaginó que era un arbolito de naranjo, con unas raíces fuertes y largas para poder sostenerle en la tierra, que se asemejaban a sus pies y a sus piernas. También soñó con crecer y dar frutos a lo largo del tiempo. Unos frutos que a él le sirvieran para sentirse mejor a la vez que feliz en todo momento; pero también, unos frutos que, partiendo del juego, ayudaran a la Corporación Día de la Niñez a hacer las cosas bien con los niños, las niñas y los padres de familia. Soñó que aprendía a gestionar el conocimiento para que lo que hiciera fuera cada vez mejor, para que los demás pudieran aprender de él, para compartir las experiencias y los fallos, para escribir y enviar lo escrito a los demás como una información importante, y para saber crear cosas a partir de ese conocimiento que iba cultivando cuando hacia sus tareas, sus labores y sus prácticas.

De repente, escuchó una voz que le decía:

—¡Arbolito-niño! ¡arbolito-niño! Tus deseos serán cumplidos y el sueño se convertirá en una realidad.

El arbolito-niño no deseaba despertar, porque quería pedir el último deseo: ser un árbol grande y frondoso de verdad. Que sus deseos fueran observables y visibles en la madre tierra y en la Corporación Día de la Niñez. El arbolito-niño soñaba y soñaba... cuando, de pronto, un hada madrina le dijo:

—¡Hola!, arbolito-niño, es la hora de despertar y empezar a convertir tus sueños en realidad.

Cuando el arbolito-niño despertó no sabía qué hacer, pero de inmediato la madre tierra, el padre sol, y los amigos aire y agua lo arroparon mientras le decían:

—Tú serás un árbol de verdad, un árbol del conocimiento, un árbol útil y de gran valor para la sociedad y para la Corporación.

El arbolito niño les preguntó:

—¿Pero cómo llegaré a ser ese árbol del conocimiento?

La madre tierra le dijo:

—Yo seré quien te sostenga para que puedas crecer, yo tengo los nutrientes que vas a necesitar, yo te daré parte del conocimiento que necesitas para que pueda ser útil a los niños, las niñas y a sus padres.

El padre sol también habló para decirle:

—Arbolito-niño, yo te daré toda la luz y el calor que necesitas, yo te ayudaré a que tengas hojas verdes todo el año, yo te ayudaré a que des flores y a que éstas se conviertan en frutos. En esos frutos de conocimiento que son producto de lo que has experimentado en tus labores y en tus prácticas.

Entonces el amigo aire le susurró:

—Conmigo tendrás todo el oxígeno que necesites. Yo te ayudaré a que no te mueras porque siempre estaré pendiente de ti, yo te daré aliento en tus momentos de tristeza, en tus momentos de reflexión, en tus momentos de análisis, en tus momentos de observación.

Y la amiga agua, con su voz cantarina parloteó:

—Yo siempre te daré de beber cuando me lo pidas. Yo soy el conocimiento externo que te ayudará a crecer, a ver las cosas con más claridad, a utilizar mejor las metodologías, a desarrollar nuevas herramientas para que las apliques y adquieras con ellas unas mejores habilidades y unas mayores destrezas. Y de ese modo puedas sobrevivir a todos los vaivenes de este mundo.

Entonces el arbolito-niño se dijo:

—Con mis padres y mis amigos me he propuesto asumir este reto, porque deseo ayudar a los niños, a las niñas y a los padres de familia, a todos los padres, de un país llamado Locombia, disculpen, Colombia.

El arbolito-niño confió en sus padres y en sus amigos para poder crecer y ser útil a la Corporación, y puso en sus manos lo que él deseaba ser.

El arbolito-niño reflexionando se dijo a sí mismo:

—Debo preguntarme que deseo ser, y que necesito aprender para ser un árbol de conocimiento.

De pronto, se le iluminaron los ojos y exclamó:

—¡Ya sé! Seré un niño gestor de la información y del conocimiento, este es mi gran deseo, ser *Gestórico.* Seré igual que el árbol, que puede crecer y dar los mejores frutos. Y lo haré para que los demás aprovechen todos los nutrientes de conocimiento.

Entonces *Gestórico* les dijo a sus padres y a sus amigos:

—Deseo dejarme guiar por vuestros buenos consejos, porque quiero ser un buen ciudadano y un buen trabajador.

Los padres y los amigos le dijeron:

—Te vamos a contar, desde nuestra experiencia de muchos años, qué cualidades debe tener un buen ciudadano.

Y *Gestórico,* poniendo sus manos bajo las mejillas, escuchó pacientemente.

La madre tierra le habló con cariño para decirle:

—Debes manifestar siempre la verdad, aunque cometas un error. La valentía de una persona está en reconocer sus propios errores.

El padre sol, con su sabiduría de padre, le dijo:

—Un buen ciudadano debe ser solidario con los demás y dar sin esperar nada a cambio.

El amigo viento, con la suavidad de la brisa le hablo al oído:

—Un buen ciudadano debe ser justo y no jugar a sorprender la buena fe de los demás, porque a los que viven así les esperan las rejas de la cárcel.

Y la cantarina agua, su amiga, agregó:

—Deja que la vida fluya, no lleves a tu mente pensamientos negativos, ni la dejes volar bajo supuestos. Es mejor afianzarse en hechos reales para no creerse de forma engañosa las propias fantasías.

Gestórico se quedó un momento pensativo, y después les preguntó:

—¿A qué hora voy yo a aprender todo eso?

Pero sus padres y sus amigos le animaron a dejarse guiar por los buenos ejemplos y a ser prudente en las decisiones. Piensa antes de actuar, le decían, porque las emociones te pueden crear problemas innecesario y de difícil resolución.

Entonces, *Gestórico,* mirándolos a todos muy serio, afirmó:

—Siempre tendré en cuenta vuestros buenos consejos, y les mostraré mi confianza contándoles todo lo que me pase, para así gozar siempre de vuestra sabiduría.

Después de varios minutos de reflexión, *Gestórico* les preguntó:

—¿Y cómo puedo ser yo el mejor *gestórico* de la Corporación?

La madre le respondió enseguida con estas palabras:

—Lo primero que debes hacer es practicar mucho, es decir, entrenar, que diría un deportista, para de este modo adquirir competencias.

—¡Competencias!, repitió *Gestórico.*

La madre le aclaró:

—Para mí es como si esa palabra viniera de competir. Para que me entiendas, te voy a poner un ejemplo: un buen atleta se entrena mucho en su deporte, se deja guiar por su entrenador, practica todo el tiempo para ser el más veloz, el más ágil, el de mejor concentración, y toma nota de sus lecciones aprendidas para mejorar tiempos y ritmos. Para llegar a tener esas competencias hay que plantearse un objetivo a alcanzar, sabiendo primero qué tipo de atleta se quiere ser, qué meta se quiere lograr y, para lograrlo, qué esfuerzo mental y físico se requiere hacer. Y todo ello antes de iniciar el camino hacia el objetivo.

Gestórico comprendió con el ejemplo que no se trata de actuar como un robot o una máquina, sino como un ser capaz de analizar "el todo" global del espacio individual o colectivo donde se hallare, y así se lo manifestó a su madre.

Ella le respondió:

—Esa es una de las muchas razones de una persona que sabe por qué está en esta vida. Así pues, si quieres practicar el análisis debes comprender "los porqués" de todas las cosas: actitudes, comportamientos, intereses, motivaciones,… Ello es necesario para que te abras a la puerta del conocimiento. Debes preguntarte, por ejemplo, por qué un niño pierde el interés por un juguete determinado, por qué un niño comparte unos juguetes y no otros, por qué un adulto que acompaña a su hijo a la ludoteca no juega con él.

El padre sol tomó entonces la palabra y, levantando la voz, les dijo:

—Ahora es mi turno, porque, como soy el centro del sistema solar puedo ver a todos durante el día y durante la noche. Soy un gran observador… así que, *Gestórico*, para ser un buen observador debes prepararte bien. Debes aprender a saber lo que pasa antes, durante y después del juego, y esto te generará múltiples preguntas que, en busca de respuestas, te llevarán a adentrarte en los aportes que sobre el juego y la observación se han hecho hasta ahora.

El amigo aire, que estaba deseoso de intervenir, se adelantó entonces diciendo:

—Todo eso es verdad; pero además de saber analizar y saber observar debes saber reflexionar. Deberás identificar qué has estado haciendo, cuáles son los resultados de tus actuaciones, qué aprendiste de ellas. Podrás preguntarte, por ejemplo, por qué sientes algo, por qué haces un trabajo y no otro, qué te une con ese saber que tú estás desarrollando, por qué te interesa tal o cual práctica, qué juicios y supuestos guían tu observación y la de los demás. Si quieres ser un buen observador empieza por dejar que tu mente vea todo sin prejuicios, sin subjetividades. No supongas nada, deja que las cosas se den por sí mismas.

Gestórico ya estaba cansado de tanto escuchar y les dijo a todos:

—Lo mejor es que me vaya a una ludoteca de niños y niñas de la Corporación, y allí, en contacto con la realidad yo podré hacer todo lo que me han estado sugiriendo.

Cuando *Gestórico* iba de camino a la ludoteca del "naranjal", en el mundo de los naranjos, iba loco de felicidad, y casi sin darse cuenta se puso a cantar una canción a las competencias que decía así:

Si yo fuera niño jugaría con mi papá y mi mamá,

Si yo fuera papá jugaría con mis hijos nada más,

Si yo fuera mamá jugaría con mis hijos nada más,

Si yo fuera profe jugaría con mis alumnos al entrar.

Cuando llegó a la ludoteca lo recibieron otros que resultaron ser gestóricos como él, a los que llamaban ludotecarios, y uno más que parecía dirigir el grupo al que decían coordinador. Todos lo invitaron a jugar como si lo conocieran desde hacía mucho tiempo. *Gestórico* empezó a observar con sosiego lo que los niños hacían y cómo se divertían con los juguetes, con los disfraces, con todo lo que allí había. Sin pensarlo, se unió a otros niños y niñas y compartió lo que él sabía sobre el juego cuando sus padres jugaban con él. Veía que unos niños no querían compartir los juguetes, y que otros se vestían con disfraces. *Gestórico* tomaba nota sobre estos comportamientos para hacer un análisis después de terminar el juego. Cuando terminó de jugar con los niños, se reunió con los demás gestóricos y cada uno compartió lo que había vivido, lo que había aprendido, lo que había desaprendido y lo que debía mejorar. El gestórico coordinador, con la idea de que les sirvieran después para mejorar tanto el saber hacer como las prácticas, los invitó a escribir estas experiencias como lecciones aprendidas.

Gestórico regresó a casa y contó a sus padres y a sus amigos lo que había vivido y lo que desearía seguir viviendo. Los padres, entusiasmados, escuchaban pacientemente a *Gestórico* y le daban consejos de cómo convertirse en el mejor gestórico de la Corporación.

La Madre tierra le dijo con mucho amor:

—Investiga. Investiga todo lo que no entiendas, y no permitas que tu trabajo se convierta en una rutina, porque dejaría de ser humano.

El padre sol, en su papel de padre, habló también:

—Mantén siempre tu mente abierta a lo que los demás te comparten, todo es valioso y no hay verdades absolutas, sino verdades relativas. Pero cuando escuches a los demás intenta llevar esa información a la práctica, porque de lo contrario habrás perdido el tiempo.

El amigo aire, con su experiencia, intervino diciendo:

—Desaprende todos los días, porque si tu mente no desaprende se va a llenar de mucha basura intelectual que no te servirá para nada e impedirá tu crecimiento.

Y el agua no tardo en interrumpir al aire para dar su propio consejo también:

—Se transparente contigo mismo y todos te verán así, no hay peor cosa que decir sí a todo y después no hacerlo.

Gestórico se marchó a la cama con más pensamientos positivos y le envió un mensaje a su cerebro para que esa noche soñara que sería el mejor gestórico de la Corporación. Sería como un pensador crítico que busca verdades, presenta actitud exploratoria, quiere poseer buen juicio, lentifica las inferencias, genera confianza y seguridad, a menudo tiene dudas, acaba viendo lo oculto, identifica causas y consecuencias, denota curiosidad, contrasta toda la información, comparte su conocimiento y cada vez es más sencillo y humilde; porque esas son las cualidades del buen gestórico.

5.2. Resultados de la Creación de Conocimiento

Para tener un primer resultado en este ítem fue necesario plantearnos cómo tendríamos evidencias a partir de la creación de conocimiento. Por esta razón, con el fin de desarrollar las competencias que más valor podrían crear en la gestión del conocimiento de los diferentes procesos de la CDN, los aprendices del esquema "mentor-aprendiz" realizaron talleres vivenciales con el mentor. Es así como se definieron y llevaron a la práctica tres competencias esenciales: la observación, la reflexión y el análisis. Estas competencias se desarrollan siempre de manera colectiva, y en la práctica sólo se hacen visibles en la medida en que el aprendizaje es un proceso de interacción permanente que se consigue en equipo. Las competencias de conocimiento se desarrollarán en la medida en que exista confianza, empatía y colaboración entre los equipos. El aprendizaje tiene un carácter substancialmente social y, en las prácticas, las competencias de conocimiento sólo se harán visibles desde la comprensión colectiva de los contextos de atención a los niños y a las niñas.

Para tener un segundo resultado visible desde los productos desarrollados, las anteriores competencias se pusieron a prueba durante varios meses con el fin de lograr que el conocimiento tácito descendiera de la mente de las personas hasta una realidad visible.

Con respecto a las competencias de conocimiento, el primer paso fue, de acuerdo con la experiencia, las percepciones y los aprendizajes, definir el concepto.

- En este sentido, definimos "La capacidad de observación" como el poner atención, con todos nuestros sentidos, en todo lo que escuchamos, observamos y sentimos. Se trata de orientar los pensamientos hacia ese objetivo que queremos observar (Fuente: Equipo de KM-CDN).

  En el proceso de gestión de conocimiento de la CDN, para ser buenos observadores existe un adecuado entrenamiento cuando somos capaces de describir detalladamente, en forma escrita, lo que sucede en el encuentro educativo y en los diarios de campo. Es allí donde describimos lo que vemos, lo que saboreamos, lo que oímos, lo que olemos, lo que sentimos y lo que tocamos. También lo qué nos preguntamos. La idea es que la gente que lea los diarios de campo sienta que está viviendo el encuentro como si se tratara de una película.

Llegados a este punto, nos parece de lo más oportuno presentar una evidencia personal relacionada con la capacidad de observación: "La estructura de la guía de observación ha sido para mí una ayuda en relación con la capacidad de relatar mejor los hechos observados, ya que el sistema de preguntas abre mi mente y me facilita el escribir y relatar lo que acontece en los encuentros educativos grupales. Por otro lado, la observación del niño no sólo la realizo desde este espacio, sino también, contemplando su desarrollo y su desenvolvimiento en su propio espacio: los encuentros educativos en el hogar. Esto me da un mayor conocimiento de la realidad y me permite escribir con mayor conocimiento de causa. La guía me brinda la oportunidad de comparar y de ver si lo que estoy escribiendo de un niño en los encuentros educativos de la ludoteca es el mismo desenvolvimiento que percibo en el encuentro educativo en el hogar. Así mismo, como su nombre indica, es una guía que me ayuda a estar pendiente de cada uno de los niños, conocerlos y tener una buena observación de ellos en cada uno de los punto de atención" (Fuente: Relato de Leydis Quiñones Ojeda, Pueblo La Gloria, Departamento del Cesar, Colombia).

• En cuanto a "La Capacidad de Reflexión", podemos decir que es la habilidad de la auto-observación, del auto-reconocimiento, del aprendizaje de uno mismo de acuerdo a su contexto socio-cultural, que permite identificar el sentido de nuestras acciones: por qué somos así, por qué actuamos como actuamos, por qué nos expresamos de una manera y no de otra. Esto es fundamental, puesto que al acercarnos a un contexto determinado no siempre somos conscientes de nuestros juicios, de nuestros paradigmas, de supuestos y generalizaciones. Por ejemplo, reflexionemos sobre afirmaciones tan habituales como: a los adultos no les gusta jugar, a los niños siempre los castigan con golpes, los niños son hiperactivos, las madres solteras no educan bien a sus hijos, los padres sienten vergüenza cuando juegan (Fuente: Equipo de KM-CDN).

En el proceso de gestión del conocimiento, la reflexión es esencial en las interacciones del juego, porque las interacciones en el contexto de la práctica pedagógica del juego significan encontrarse con el otro desde la mirada, el contacto físico, o la palabra. Esto es visible en la espontaneidad del juego, en la que la interacción representa reconocer al otro, en su singular diferencia, para acogerlo, sentirse acogido por él y construir así la relación. Estas relaciones posibilitan, en la cotidianidad de los encuentros educativos grupales, en los encuentros de formación de adultos y en los encuentros en el hogar, el que en cada uno de los participantes se generen trasformaciones y aprendizajes significativos.

Sin la reflexión no se llega al conocimiento de los efectos que tiene la práctica sobre los participantes y sobre el propio facilitador. Tampoco es posible realizar los ajustes que puede ser necesario hacer de las acciones intencionadas sobre los niños, las niñas y las familias. No hay cambios sustanciales en las prácticas de juego intencionadas si no se reflexiona sobre el hacer.

- Por último, "La Capacidad de Análisis" es el poder examinar y descomponer la información en unidades más pequeñas que permitan su comprensión, su representación y su aprendizaje. Con la práctica, la competencia de análisis se va afinando desde la lógica, el razonamiento y la creación de modelos mentales. De igual forma, la capacidad de análisis significa desarrollar una competencia basada en la lógica, el razonamiento y la creación de modelos mentales. Es un enfoque racional del pensamiento, libre de prejuicios, de supuestos, de malas comprensiones y de generalizaciones gratuitas. Es profundizar en mi análisis con relación a un hecho observado en mi saber-hacer. Es detenerme analizar qué está pasando, por qué está pasando, qué hace que esto pase; y ver qué resultado se pueden observar y analizar.

Dicho esto, parece que ha llegado el momento de presentar los productos relacionados con la puesta en práctica de las anteriores competencias en el saber-ser y el saber-hacer de los aprendices en gestión del conocimiento.

5.2.1. El Primer Producto es el Diseño, Desarrollo y Aplicación de la Guía de Observación

Una guía de observación es un instrumento que señala paso a paso el desarrollo de una acción o de un proceso específico. En este caso, se trata de perfeccionar de manera intencionada la competencia de observación cuando en el diario de campo redactamos los sucesos acontecidos en el día a día de la interacción con los niños y las niñas.

"Cuando escribimos un diario de campo la guía nos sirve para afinar la observación y especificar en qué debemos centrar nuestra atención, es decir, qué debemos escribir de lo que vivimos en un encuentro, qué es en realidad lo significativo. La guía de observación es la que permite acercarnos a la identificación de aspectos concretos en el proceso de observación y documentación de los diarios de campo" (Fuente: Ludotecarios, CDN).

Como en el caso anterior, para una mejor comprensión de lo dicho vamos a presentar un supuesto en primera persona: "Supongamos que tengo que hacer un encuentro educativo grupal y me dicen que observe. Como soy un ser complejo, tengo un género, una edad, una educación particular, y unos gustos e intereses propios. Por ello, lo que a mí me gusta observar son los zapatos: qué zapatos usan los que asisten al encuentro, sus colores, si están limpios o sucios... Con ello me imagino de dónde vienen, cuál fue el recorrido que hicieron para llegar. Pero me pregunto, esta observación, ¿para qué me sirve en mi trabajo en la CDN?, ¿qué le aporta a mi conocimiento?" (Fuente: director de KM a nivel Nacional).

En la guía de observación lo esencial es centrarse en los hechos observados. Ellos son "pedazos" de la realidad que describimos detalladamente. Si nos imaginamos la realidad como una película, los hechos observados son las fotografías o imágenes de la película. Una película la podemos descomponer en fotos. La realidad la podemos descomponer en hechos observados. Para decidir cómo escoger de nuestro diario de campo los hechos observados es importante pensar en la relevancia o importancia que cada hecho tiene. Se espera que sea significativo; algo que vivimos, que presenciamos o del que hicimos parte.

5.2.2. El Segundo Producto es la Documentación de Lecciones Aprendidas

La documentación de Lecciones Aprendidas contribuye a convertir el conocimiento tácito (aquel que se encuentra en la mente de las personas y deriva de su experiencia) en conocimiento explícito (aquel contenido en documentos, archivos electrónicos u objetos), facilitando su difusión a través de la socialización, que es el compartir con otras personas lo que hacemos. Las Lecciones Aprendidas pueden definirse como el conocimiento o entendimiento ganado por medio de la reflexión y el análisis sobre una experiencia, un proceso, o un conjunto de ellos. Se puede concebir como un ejemplo que ha hecho parte de nuestro saber hacer y, a partir de éste, nos enseña a conducirnos en el próximo desarrollo de nuestras actividades, ya sea para mejorarlas o para descubrir nuestros errores, de forma que no los volvamos a cometer.

Algo que sin duda debe tenerse en cuenta, es que para que las Lecciones Aprendidas sean pertinentes y útiles deben cumplir la condición de ser 'aplicables', 'válidas', y 'significativas'.

Las lecciones aprendidas que se documentaron en la CDN fueron, entre otras: "El proyecto de atención integral a la primera infancia y el impacto en las transformaciones sociales". "El proceso de selección de personal para el proyecto del ICBF y el impacto en los resultados". "La aplicación de una capacitación a docentes de la Secretaria de Educación de Bogotá para mejorar sus prácticas docentes en el aula". "El diseño y desarrollo del sistema de información y conocimiento de la CDN para movilizar el conocimiento y la información en la toma de decisiones y la solución de problemas". "El proceso de transferencia de información y de conocimiento de los coordinadores de gestión de conocimiento a los ludotecarios", para de este modo desarrollar las competencias de conocimiento y hacer que fueran visibles en las prácticas y en las interacciones con los niños, las niñas y los padres de familia. "El proceso de formación de nutricionistas, desde el juego, para mejorar en un 40% la nutrición de las familias en Colombia". El proceso de aprendizajes desde el cuaderno viajero y las transformaciones en la realidad". "El proceso en la construcción de juguetes y en el periódico virtual: una vía para la creación de productos y servicios". El diseño, el desarrollo y la evaluación de estrategias hechas desde 'metodología naves', al servicio de la conciencia de los adultos por considerar al niño como sujeto de derechos". "El proceso de dotación de juguetes a las ludotecas desde la calidad y la eficiencia en el cumplimiento de los indicadores". "Los resultados de la propuesta pedagógica y la 'metodología naves' destinadas a reconocer los derechos de los niños y las niñas desde el juego: testimonios, vivencias y aprendizajes" (Fuente: aprendices de KM de la CDN).

5.2.3. El Tercer Producto es el Diseño y Desarrollo de las Mesas de Aprendizaje

Una mesa de aprendizaje es una estrategia destinada a compartir y, como consecuencia, a transferir conocimientos en situaciones formales e informales.

Es también una técnica de evaluación colectiva, en donde se analizan e identifican los logros y los fallos habidos en la ejecución de un proceso o de un proyecto que está a cargo de la organización.

La Mesa de Aprendizaje está fundamentada en la técnica *After Action Review* (AAR). Es un proceso que ayuda a capturar lecciones aprendidas a partir de la reflexión en grupo sobre éxitos y oportunidades de mejora. Se realiza en un ambiente de honestidad, discusión, claridad, y confianza, lo que facilita el establecimiento de acuerdos y recomendaciones, al tiempo que sirve para identificar soluciones frente a los retos. "Las mesas de aprendizajes son una estrategia pedagógica planteada por los coordinadores de gestión del conocimiento de la CDN, con el objetivo de realizar transferencia de nuevos aprendizajes y llegar a documentar buenas prácticas" (Fuente: Director Nacional de KM-CDN).

Esta estrategia se pone en práctica con la intención de comprender, en un determinado contexto, las acciones realizadas en el marco de la ejecución de un procedimiento, un proceso o un proyecto. En este sentido, nos ayudan a identificar las oportunidades de mejora existentes en las distintas fases de un proceso, y a identificar los factores de éxito relacionados con las actividades de cada fase, lo que nos permite tomar decisiones más acertadas al haber corregido los errores observados desde diferentes perspectivas. De igual manera, nos permiten conocer y comprender las fortalezas específicas, que seguramente impactarán en el futuro en el mejoramiento de tareas similares, contribuyendo de este modo a cumplir con las metas propuestas por la organización.

- Con relación al objetivo, cuando éste se aborda en la mesa de aprendizaje, es necesario que desde un comienzo quede muy bien definido, de tal modo que esté perfectamente claro para todos los participantes. Para que ello sea así es necesario que en la mesa de aprendizaje se plantee y se defina qué se entiende por "el objetivo" en términos absolutos, qué significa el objetivo en términos del resultado, en términos de cerrar brechas, en términos de aprender a partir de una situación específica, en términos de hacer una primera etapa en una ruta compuesta de varias etapas y, por supuesto, en términos de crear nuevos espacios para el conocimiento. Debemos dar a los participantes en la mesa la posibilidad de soñar con el objetivo, de auto eliminar sus limitadoras cuadriculadas mentales, y con ello ser capaces de generar novedosas expectativas (Blanco, 2013).

Como vemos, en el desarrollo metodológico de la mesa de aprendizaje las preguntas ocupan el lugar preeminente, siendo necesario ahondar en cada una de ellas, para así dar valor al aprendizaje a partir de los aportes de todos (Blanco, 2013). Partiendo de cuatro preguntas fundamentales estudiaremos las posibilidades que brindan a los componentes de la mesa.

- Con relación a la pregunta 1: ¿qué esperaba que sucediera en el proceso?, se podrá responder de una forma más profunda cuando hayan comprendido el objetivo en todas sus dimensiones. El objetivo no sólo es un resultado visible, medible y comprensible, es la forma como se va a llegar al final del camino, es la forma como se van a utilizar las competencias (conocimientos + capacidades + recursos + habilidades) que poseen las personas que participan en la mesa de aprendizaje, es el contexto donde se va a actuar, son los actores que van a participan de una parte y de la otra. En realidad, la pregunta: ¿qué esperaba que sucediera?, podría traducirse por: qué esperaba que sucediera en las etapas del objetivo, qué esperaba que sucediera cuando utilizamos nuestras competencias, qué esperaba que sucediera cuando surgió este problema que no estaba pensado en el escenario... Sin duda, a partir de esta pregunta se pueden hacer en cascada una serie de nuevas preguntas que permitan crear un ritmo apropiado de trabajo durante la discusión.

- Con relación a la pregunta, 2: ¿qué sucedió en realidad?, se deben observar todas las variables que tenía el objetivo: variables-personas, variables-procesos, variables-competencias, variables-recursos financieros, variables... De esta forma, de principio a fin, podremos ver todo el escenario donde se desarrolló la acción. Entre la pregunta: ¿qué esperaba que sucediera?, y lo que sucedió en realidad, se deben ver las brechas de conocimiento, las adecuadas planeaciones, los escenarios previstos, los actores... Cuando las cosas realmente suceden, siempre aparecen variables que no se tuvieron inicialmente en cuenta; posiblemente porque no se gozaba de la suficiente experiencia y, posiblemente, porque tampoco se tenían claros los riesgos que todo el proceso podía conllevar.

- Con respecto a la pregunta 3: ¿qué funcionó bien, y por qué?, cabe decir que se trata de buscar respuestas a la visibilidad, es decir, a la capacidad de garantizar competencias en las personas responsables de los procesos que gestionaron. También aquí se ponen de manifiesto los valores y los principios de la organización, y surgen los modelos mentales de las personas y sus conductas. La respuesta es de un valor inmenso, porque aflora el conocimiento tácito que no estaba explicitado.

- Con respecto a las pregunta 4: ¿qué podemos mejorar y cómo?, las respuestas deben pretender evalúan 'los antes', 'los durante' y 'los después', teniendo en cuenta todas las variables implicadas en cada uno. Es el momento de obtener de las lecciones aprendidas lo que nos dicen las experiencias, tanto positivas como negativas, que surgieron durante el desarrollo hacia el objetivo. También en este caso surgen los aprendizajes ligados a las competencias que poseen las personas.

Pero, aunque pudiera parece lo contrario, no se ha terminado aquí. Queda por hacer el seguimiento a los aprendizajes desde la perspectiva del desarrollo de las competencias que poseen las personas con relación a los procesos que administran.

5.2.4. El Cuarto Producto es la Construcción de las Comunidades de Conocimiento.

"Las comunidades de conocimiento son grupos de personas que comparten información, ideas, experiencias y herramientas sobre un área de interés común, y donde el grupo aporta valor. Se basan en la confianza, y desarrollan una manera propia de hacer las cosas que, a la par que comparten un propósito o misión, también es común. Lo más importante para una comunidad es que sus miembros estén en buena disposición de aprender, es decir, que los actores estén dispuestos a interactuar constructivamente con su ambiente, a ser abiertos a nuevos conocimientos y a identificar desde la experiencia propia factores de éxito y saberes locales" (Vissers & Dankbaar (2002).

En la organización, la micro-comunidad de gestión del conocimiento tienen como propósito el que, en cada una de las áreas, sus colaboradores desarrollen las capacidades necesarias para dar respuesta a las diferentes situaciones coyunturales: mejora, toma de decisiones, cambio, trasferencia, y creación de nuevos conocimientos que fortalezcan los procesos, y que, por tanto, apunten al cumplimiento de la misión. Este tipo de comunidades persigue la continua innovación y actualización de los procesos, de los servicios administrativos, y de los programas y proyectos de la organización (Fuente Equipo KM-CDN).

5.3. Resultados de las Competencias de Conocimiento y Aprendizaje (Tissen, 2000)

El primer resultado tiene que ver con las evidencias habidas a partir de la comprensión de la metodología DICES. Los talleres se basaron en la definición clara de un objetivo y en la relación de éste con un contexto específico, que bien puede ser obtenido a partir de un ejemplo de la vida práctica, o de un proceso de la ONG llevado a cabo. Todo con el fin de alcanzar la mejor comprensión, y de tener la seguridad de hacer visibles en el trabajo estos conceptos a través de los procesos. Cabe decir también que los datos y la información son discriminados basándose en su "organización", y que la información y el conocimiento son diferenciados basándose en la "interpretación". Los resultados de los talleres se dirigieron a analizar y reflexionar sobre la contextualización de un objetivo y sobre el seguimiento de los conceptos: datos, información, conocimiento, experiencia y sabiduría. Cada equipo podía establecer qué había desarrollado en el tiempo y cuáles fueron los efectos de cada término en el logro de los resultados. De esta forma, se podían reencauzar las estrategias para disminuir las brechas de conocimiento.

En el segundo resultado, con relación al valor de las interacciones sociales para el aprendizaje, debemos comprender que la interacción es un proceso de compartir, intercambiar ideas y experiencias, combinar pensamientos y conceptos, y emplear el lenguaje al máximo; es un proceso de interacción humana llamado aprendizaje social. Los resultados que se obtuvieron se enfocaron al cambio de actitudes cuando se trataba de relacionarse con alguien con el que no se tenía química, pero que era imprescindible por la relación laboral. De esta forma, se internalizaron las siguientes máximas:

- Siempre que se encuentre con otra persona, envíe un mensaje al cerebro donde se diga a si mismo que va a estar abierto a escuchar pacientemente. Posiblemente no volverá a ver a esa persona, y las oportunidades sólo se dan una vez en la vida.

- Cuando esté el otro hablando no le interrumpa, deje que hable hasta que llegue al final. Se dará cuenta de esto porque su interlocutor ya no contará más, y espera que usted hable, que responda. Es de mala educación interrumpir y, además, no se trata de una charla entre sus egos, sino de una charla para aprender el uno del otro y viceversa, es decir, es una charla de doble vía.

- Cuando la otra persona le esté hablando, asegúrese de que tanto en su léxico como en su razonamiento lógico se exprese de forma comprensible para usted. Si logra esto, se dará cuenta de que no ha perdido el tiempo, y que la otra persona tiene muchas cosas valiosas para compartir.

- Aprecie y valore lo que otras personas le cuentan. No importa ni el nivel de formación que tenga ni el cargo, simplemente escuche, porque lo que le cuente será lo que ha vivido, lo que ha sentido, lo que ha transformado en su intelecto.

- A medida que la conversación fluye, vaya sacando conclusiones útiles y constructivas, pues éstas le ayudarán a tener más claro el panorama de cómo llevar a la práctica el conocimiento del otro, que para usted es solamente información no contextualizada.

- Cuando termine la conversación tome nota de lo más valioso de esa interacción y reflexione sobre cómo va a llevarla a la práctica. No deje pasar los días sin poner en contexto la información, porque su cerebro está continuamente aprendiendo y desaprendiendo. También puede tomar nota cuando esté conversando, pero a veces por tomar nota se dejan de escuchar cosas valiosas. Lo mejor es relacionar lo que hace con lo que está escuchando, para saber dónde se nutre el conocimiento y cuáles son las brechas.

- Al final, podrá decir que ha estado utilizando bien el tiempo, porque compartió y se permitió escuchar pacientemente a la otra persona para aprender o desaprender.

En el tercer resultado, con respecto al aprendizaje cognitivo obtenido desde la experiencia, debemos empezar por decir que cuando se habla de aprendizaje cognitivo estamos haciendo referencia al que alcanzan las personas a partir de sus experiencias individuales, en las que juega un papel destacado su modelo mental. La forma de pensar, de relacionar, y de llevar las ideas a la acción, forma parte del modelo mental, y puede moverse desde lo estático a lo dinámico o flexible. Un modelo mental será estático mientras la persona crea que su forma de hacer las cosas es la única aceptable, y ninguna otra lo sabe o lo puede hacer mejor. La consecuencia es la crítica obstinada de las acciones de los demás, a las que en ningún caso da valor o acepta. El modelo mental dinámico y/o flexible puede compararse con "una esponja de mar", que es capaz de asimilar, filtrar, validar, construir... y de quedarse con lo que de los demás le resulta más conveniente. Con ello mejorará lo que ya poseía. Lo mismo pasa con las personas. Aquellas que se quedan en la teoría aprendida y no mejoran sus paradigmas son incapaces de asimilar nuevos conceptos, por lo que permanecerán estancadas, incapaces de evolucionar, mientras que aquellas otras que son capaces de pasar de la teoría a la práctica y comprueban los paradigmas a partir de un proceso de aprendizaje están abriendo su mente a nuevas experiencias; están en el camino de la evolución de su modelo mental.

Cada vez que las personas ponen en la acción de sus prácticas los conocimientos, su experiencia podrá mejorar, y será visible cuando realizan las cosas de manera fácil y eficaz, logrando unos resultados exitosos.

5.4. Las Dimensiones de Interés en la Creación de Conocimiento

En este punto los resultados fueron visibles a partir de la internalización y puesta en práctica de las dimensiones de interés: la generación de confianza, la empatía activa, la indulgencia en el juicio, el acceso a la ayuda, y la valentía para asumir riesgos y experimentar. La visibilidad de las dimensiones se logró en la medida en que el mentor realizó talleres vivenciales relacionados con el saber-ser y el saber-hacer de los ludotecarios y de los líderes de KM.

Como trabajo a realizar para llevar a la práctica la dimensión de interés basada en la generación de confianza se planteó la siguiente actividad: "En el equipo de KM se formaron dos grupos. Uno de ellos asumió el rol de ser el anfitrión en la CDN, cuyo objetivo era hacer sentirse bien al grupo visitante. El grupo anfitrión debió diseñar una estrategia para que el visitante sintiera que las acciones de quienes los recibían estaban dirigidas a generarles confianza. En consecuencia, el grupo visitante espera sentir la generación de confianza a través de las acciones del grupo anfitrión. Al final, los dos grupos expusieron su opinión sobre las acciones compartidas que habían hecho a los visitantes sentirse bien y confiados, sobre las que les habían gustado más a ambos equipos, sobre aquellas con las que se quedaría el equipo de KM, y sobre las que podían ser parte de la cotidianidad.

6. Conclusiones

En este apartado haremos mención de las conclusiones producto de los aprendizajes durante el proceso de mentoría.

- La ONG ha asumido el reto de hacer parte de la tendencia actual basada en la gestión del conocimiento (KM), por lo cual, la dirección ejecutiva ha creído y ha mantenido el firme propósito de hacer visible esta disciplina en los procesos claves o estratégicos y en los procesos de apoyo o administrativos. La persistencia en el deseo de tener evidencias acerca del conocimiento que tienen y desarrollan las personas que forman parte de la organización la llevó a exigir que documentaran las lecciones aprendidas (experiencias positivas y negativas) con el fin de crear la cultura de la documentación y utilizar esta información para mantenerse actualizados. Se trataba de evitar pérdidas de conocimiento y tener que, como suele decirse, "reinventar la rueda" cada vez que ingresa un empleado nuevo o se asume el liderazgo de un proyecto. Por ello, han documentado los procesos tal y como los llevan a la práctica, para saber qué han hecho antes y después, a fin de tener la historia en el presente a la hora de tomar decisiones y resolver problemas.

- La gestión del conocimiento es visible cuando son evidentes las actitudes de las personas en el saber-ser y en el saber-hacer. Esto significa que debemos fomentar e internalizar la incubación de la confianza, la empatía en el aquí y el ahora, la ayuda mutua, la experimentación continua y la indulgencia en el juicio. La incubación de confianza es el primer peldaño en toda relación con la que se desee trabajar a largo plazo. Acciones como la conducta confiable, el interés puesto en el trabajo, la capacidad para compartir información y conocimiento, el cumplimiento en las tareas, la consistencia en la forma de ser y dirigir, o la franqueza en los diálogos, son insumos que deben ser asumidos con decisión y empeño en este peldaño inicial de la incubación de la confianza. La empatía en 'el aquí' y en 'el ahora' significa el hecho de ponernos siempre en la piel del otro. Acciones como la de escucha pacientemente, la de comprender los intereses, los problemas, las emociones, las oportunidades de los demás, etc., y el desarrollo personal, son insumos para estar más cerca de los que nos rodean. La Ayuda mutua, centrada en los que se incorporan a la organización, en los que están desarrollando una competencia específica, en los que sin tener la experiencia inician un trabajo ajeno a su conocimiento, en la dificultad para llevar a la práctica una información compleja y en un lenguaje difícil de analizar, son las formas en las que debemos acercarnos a la ayuda que esperan los demás en situaciones concretas. La indulgencia en el juicio puede llevar a contar con personas cargadas de ideas que quieran ayudar a crecer a la organización. En caso contrario, puede que se cierre para siempre su interés por opinar y proponer. Acciones como las críticas constructivas, la negociación de conflictos, el análisis y solución de las tensiones personales, las sugerencias hechas con el corazón son insumos que nos llevarán a comprender el valor de la indulgencia en el juicio. Por último, tener en cuenta que la experimentación aquí es la capacidad de dar al otro la responsabilidad de mostrar lo que puede tener oculto a través de nuevas formas de hacer las cosas, a través de dar un giro de 180° grados a los comportamientos habituales, a través de romper creencias limitadoras y a través de permitirse proponer lo inimaginable.

- La gestión del conocimiento, destinada a la creación de nuevo conocimiento, es visible cuando está basada en los aprendizajes hechos a través de los procesos que éste tiene. Por esa razón, la CDN inició la construcción de micro-comunidades de conocimiento y aprendizaje (MicroCoa) -estructura conformada por personas que trabajan directamente en el área propia de su actividad y por aquellas otras que son beneficiarias-. El sentido y el valor de las MicroCoa están en socializar las experiencias y llegar a consensos sobre cuáles son los retos que tienen frente a la misión de la organización. Un buen porcentaje (70%) de las personas que trabajan en la CDN están en interacciones constantes con los niños, las niñas, las familias y los servidores públicos de los municipios del País. Otras se hallan en las oficinas, donde se diseñan y se ponen en práctica las estrategias, las políticas, los proyectos y los recursos, etc. Aunque éstas últimas no están en las ludotecas, deben ser conscientes de que la calidad de sus acciones hace visible u opacan la misión de la organización, pueden mejorar o afectar negativamente a su imagen y a su reputación, y pueden o no garantizar que los proyectos se cumplan desde los indicadores propuestos. De hecho, sin micro-comunidades las capacidades esenciales de las personas, las buenas prácticas documentadas e internalizadas y la creación de conocimiento en mejores y nuevos productos y servicios serán un sueño y no una realidad.

• Finalmente, sólo decir que si pensamos en avanzar hacia la creación de conocimiento en este campo, debemos ser conscientes de que resulta fundamental acompañar constantemente a las personas que están más cerca de los niños, las niñas y las familias, para que se sientan seguras de que el camino que recorren tiene un objetivo claro y preciso. Debemos centrarnos en el desarrollo de sus competencias frente al proceso de aprendizaje actual, haciendo énfasis en la mejora de procesos, reconociendo avances, identificando posibles nuevos usos al conocimiento existente generado en las prácticas, y relacionando estas prácticas con los hábitos y formas de ser de las familias. En definitiva, crear un contexto facilitador para la creación de conocimiento desde la innovación social.

Referencias

Amit, R., & Schoemaker, P.J.H. (1993). Strategic Assets and Organizational Rent. *Strategic Management Journal,* 14(1), 33-46. http://dx.doi.org/10.1002/smj.4250140105

Blanco, C.E. (2004). *La gestión del conocimiento en las empresas de los parques tecnológicos del País Vasco.* Tesis doctoral. Universidad de Deusto. San Sebastián, País Vasco, España.

Blanco, C.E. (2010). *Desarrollo de esquema mentor-aprendiz en procesos sociales de la CDN.* Primera Fase. Bogotá, Colombia.

Blanco, C.E. (2012). *Formación a líderes de la CDN en gestión del conocimiento desde el esquema mentor-aprendiz.* Bogotá, Colombia.

Blanco, C.E. (2013). *Desarrollo del esquema mentor-aprendizaje en los procesos sociales de la CDN.* Segunda Fase. Bogotá, Colombia

Blanco, C.E., & Díaz, M.A. (2008). *Metodología para la contextualización de Datos, información, conocimiento, experiencia y sabiduría.* Pontificia Universidad Javeriana. Bogotá, Colombia.

Bollinger, A.S., & Smith, R. (2001). Managing Organizational Knowledge as a Strategic Asset. *Journal of Knowledge Management,* 5(1), 8-18. http://dx.doi.org/10.1108/13673270110384365

Coleman, D. (1999). Groupware: Collaboration and Knowledge Sharing. En Liebowitz, J. (Ed.). *Knowledge Management Handbook.* Boca Raton, Florida, USA: CRC Press LLC.

Crossan, M.M., Lane, H.W., & White, R.E. (1999). An organizational learning framework: from intuition to institution. *Academy of Management Review,* 24(3), 522-537.

Cruz, J., López, P., & Martin de Castro, G. (2009). La Influencia de las Capacidades Dinámicas sobre los Resultados Financieros de la Empresa. *Cuadernos de Estudios Empresariales,* 19, 105-128, España.

Davenport, T.H., De Long, D.W., & Beers, M.C. (1998). Successful knowledge management Projects. Sloan Management Review, 39(2), 41-56.

Decarolis, M.D., & Deeds, D. (1999). The Impact of Stocks and Flows of Organizational Knowledge on Firm Performance: An Empirical Investigation of the Biotechnology Industry. *Strategic Management Journal,* 20, 953-969. http://dx.doi.org/10.1002/(SICI)1097-0266(199910)20:10<953::AID-SMJ59>3.0.CO;2-3

Eisenhardt, K.M., & Martin, J.A. (2000). Dynamic Capabilities. What are They? *Strategic Management Journal,* 21(10/11), 1105-1121. http://dx.doi.org/10.1002/1097-0266(200010/11)21:10/11<1105::AID-SMJ133>3.0.CO;2-E

Grayson, C.J., & O'Dell, C.S. (1998). Mining your hidden resources. *Across the Board,* 35(4), 23-80.

Hitt, M.A., & Ireland, R.D. (1985). Corporate Distinctive Competence, Strategic, Industry and Performance. *Strategic Management Journal,* 6, 273-293. http://dx.doi.org/10.1002/smj.4250060307

Hitt, M.A., Ireland, R.D., & Camp, S.M. (2001). Guest Editors' Introduction to the Special Issue Strategic Entrepreneurship: Entrepreneurial Strategies for Wealth Creation. *Strategic Management Journal,* 22, 479-491.
http://dx.doi.org/10.1002/smj.196

João, B.N. (2005). Estrategias de Valor para la Creación de Conocimiento en Organizaciones Intensivas en Conocimiento. *Revista Galega de Economía,* 14(1-2), 1-19.

Kim, D.H. (1993). The link between individual and organizational learning. *Sloan Management Review,* Fall, 37-50.

Kolb, D.A. (1984). *Experiental learning: Experience as a source of learning and development.* Englewood Cliffs, NJ: Prentice-Hall.

Mahoney, J., & Pandian, R. (1992). The Resource-Based view Within the Conversation of Strategic Management. *Strategic Management Journal,* 13, 363-380.
http://dx.doi.org/10.1002/smj.4250130505

Malhotra, Y. (1997). Knowledge Management in Inquiring Organizations. *Proceedings of the Association for Information Systems Third. Indiana.* August, 15-17.

Martínez, I. (2002). *El aprendizaje en las organizaciones. Aplicación al sector agroalimentario.* Memoria para optar al grado de Doctor en Ciencias Económicas y Empresariales. Universidad Politécnica de Cartagena.
http://repositorio.bib.upct.es/dspace/bitstream/10317/775/1/iml

Martínez, I., & Ruíz, J. (2007). *Los procesos de creación del conocimiento: El aprendizaje y la espiral de conversión del conocimiento.* Universidad de Murcia. España.

Mitchel, R., & Nicholas, S. (2006). Creación de conocimiento a través de las fronteras. *Knowledge Management Research & Practice,* 4(4), 310-318.

Moreno-Luzón, M.D., Balbastre-Benavent, F., Escribá-Moreno, M.A., Lloria-Aramburo, M.B., Martínez-Pérez, J.F., Méndez-Martínez, M. et al. (2000). Los niveles de aprendizaje individual, grupal y organizativo y sus interacciones: un modelo de generación de conocimiento. *X Congreso Nacional De ACEDE: Empresa y Mercado: Nuevas Tendencias.* Oviedo, 3, 4 y 5 de Septiembre.

Nonaka, I., & Ichijo, K. (2001). *Facilitar la Creación de Conocimiento.* New York, NY: Oxford University Press.

Nonaka, I., & Takeuchi, H. (1995). *The Knowledge-Creating Company: How Japanese Companies Create the Dynamics of Innovation.* New York, NY: Oxford University Press.

Nonaka, I., Toyama, R., & Konno, N. (2000). *SECI, Ba and leadership: A unified model of dynamic knowledge creation. Long Range Planning,* 33(1), 5-34. http://dx.doi.org/10.1016/S0024-6301(99)00115-6

Nonaka, I. (1991). The knowledge-creating company. *Harvard Business Review,* 69(6), 96-104.

Nonaka, I., & Takeuchi, H. (1995). *The Knowledge-Creating Company.* New York, NY: Oxford University Press.

Quinn, I.B. (1992). *Intelligent Enterprise.* New York: Free Press.

Quinn, J.B., Anderson, P., & Finkelstein, S (1996). Managing Professional Intellect: Making the Most of the Best. *Harvard Business Review,* March-April, 71-80.

Roberts, H. (1998). The Bottom-line of Competence-Based Management: Management, Accounting. *Control and Performance Measurement, presented at EAA Conference.* Antwerp.

Shimizu, H. (1995). Ba-principle: New logic for the real-time emergence of information. *Holonics,* 5(19, 67-79.

Smith, R.D. (2002). Managins organizational knowledge as a strategic asset. *Journal of Knowledge Management,* 5(1), 8-18.

Soo, C., Midgley, D., & Devinney, T. (2004). *The Process of Knowledge Creation in Organizations.* School of Economics and Commerce. University of Western Australia. Nedlands Australia.

Teece, D.J., & Pisano, G. (1994). The dynamic capabilities of firms: An introduction. *Industrial and Corporate Change,* 3(3), 537-556. http://dx.doi.org/10.1093/icc/3.3.537-a

Teece, D. (2001). *Managing Industrial Knowledge: creation, transfer and utilization.* Londres: SAGE Publications Ltd. 315-329.

Tissen, R. (2000). *Value-based Knowledge Management.* Addison Wesley, Nederland.

Tissen, R., Andriessen, D., & Deprez, F.L. (2000). *El valor del conocimiento.* Financial Times, Prentice Hall.

Tsoukas, H., & Mylonopoulos, N. (2004), Introduction: Knowledge construction and creation in organizations. *British Journal of Management,* 15(1), 1-8. http://dx.doi.org/10.1111/j.1467-8551.2004.t01-2-00402.x

Velilla, A., & Campo, J.M. (2009). *Creación de Conocimiento: Análisis del proceso de creación de conocimiento en una empresa colombiana del sector de las telecomunicaciones.* Pontificia Universidad Javeriana de Bogotá.

Vissers, G., & Dankbaar, B. (2002). Creativity in multidisciplinary new product development teams. *Creativity y Innovation Management,* 11(1), 31-42. http://dx.doi.org/10.1111/1467-8691.00234

Von Krog, G., Ichijo, K., & Nonaka, I., (2000). *Facilitar la Creación de conocimiento.* Oxford University Press.

Von Krogh, G. (2001). *Enabling knowledge creation: How to unlock the mystery of tacit knowledge and release the power of innovation.* New York: Oxford University Press.

Capítulo 2

Políticas de Selección y Desarrollo Profesional, Gestión Sistemática de Competencias, Capital Humano y Capacidad de Innovación. Un Estudio en las Empresas Uruguayas de Software

Josune Sáenz-Martínez[1], Andrea Pérez-Bouvier[2]

[1] Deusto Business School. San Sebastián, España.
[2] Universidad Católica de Montevideo. Montevideo, Uruguay.
josune.saenz@deusto.es, acperezbouvier@gmail.com

Doi: http://dx.doi.org/10.3926/oms.272

Referenciar este capítulo

Sáenz-Martínez, J., & Pérez-Bouvier, A. (2015) *Políticas de Selección y Desarrollo Profesional, Gestión Sistemática de Competencias, Capital Humano y Capacidad de Innovación. Un Estudio en las Empresas Uruguayas de Software.* En Blanco, C. (Ed.). *Evidencias de la gestión de Conocimiento en contextos sociales y tecnológicos de países de Latinoamérica y Europa.* Barcelona, España: OmniaScience. 79-143.

J. Sáenz-Martínez, A. Pérez-Bouvier

Resumen

En este capítulo se aborda el estudio de la influencia que ejerce la gestión estratégica de recursos humanos (en concreto, las políticas y prácticas de selección y desarrollo profesional, y la gestión sistemática de competencias) sobre la capacidad de innovación de las organizaciones, a través de su incidencia en la mejora y el desarrollo del capital humano (es decir, en el conocimiento, las habilidades y las capacidades del personal de la empresa).

El estudio en cuestión se ha desarrollado en el ámbito de las empresas de software en El Uruguay. Aunque algunos estudios previos han analizado la relación entre capital humano e innovación o entre gestión de recursos humanos e innovación, son pocos los que han considerado capital humano y gestión de recursos humanos simultáneamente. Además, en el caso de la innovación, los estudios tienden a considerar el output de innovación generado o los resultados a los que dichos outputs dan lugar, en lugar de estudiar la capacidad de innovación en sí misma y las distintas dimensiones que la configuran (generación de nuevas ideas y gestión de los proyectos de innovación, principalmente). Sin embargo, para mejorar su desempeño innovador, las empresas necesitan conocer cómo mejorar los distintos aspectos que configuran dicha capacidad.

El presente estudio pretende superar tales lagunas y mostrar cómo la gestión estratégica de recursos humanos contribuye a mejorar las distintas dimensiones de la capacidad de innovación a través de su incidencia en el capital humano.

A efectos de obtener información sobre las variables objeto de estudio, se diseñó un cuestionario que fue administrado mediante entrevista telefónica a los directivos de las empresas que formaban parte de la población objetivo. Posteriormente, la información recopilada fue analizada mediante la técnica de modelización de ecuaciones estructurales basada en mínimos cuadrados parciales.

Los resultados obtenidos ponen de manifiesto la relevancia del capital humano y de su gestión con un enfoque estratégico (en concreto de las prácticas de selección y desarrollo profesional y de la gestión sistemática de competencias) a la hora de promover cada una de las dimensiones que configuran la capacidad de innovación en la empresa.

Palabras clave

Gestión de recursos humanos, gestión de competencias, selección y desarrollo profesional, capital intelectual, capital humano, innovación.

1. Introducción

En el capítulo que ahora presentamos, abordamos el estudio de la influencia que ejerce la gestión estratégica de recursos humanos (en concreto, las políticas y prácticas de selección y desarrollo profesional, y la gestión sistemática de competencias) sobre la capacidad de innovación de las organizaciones, a través de su incidencia en la mejora y el desarrollo del capital humano (es decir, en el conocimiento, las habilidades y las capacidades del personal de la empresa).

El estudio en cuestión se ha desarrollado en el ámbito de las empresas de software en El Uruguay. La industria del software forma parte de los denominados "servicios de alta tecnología o de punta" y constituye una industria intensiva en conocimiento. En general, los sectores de alta tecnología se caracterizan por una rápida renovación de conocimientos, muy superior a la de otros sectores, y por su grado de complejidad, lo que exige un continuo esfuerzo en investigación e innovación (INE, 2015). Por este motivo, el estudio de los distintos factores que pueden contribuir a mejorar la capacidad de innovación de este tipo de organizaciones reviste especial relevancia.

Por otro lado, la industria de software en El Uruguay ha alcanzado un desarrollo extraordinario y constituye uno de los sectores estratégicos del país. Según la Cámara Uruguaya de Tecnologías de la Información (CUTI), los objetivos estratégicos del sector para los próximos años consisten en promover el crecimiento de las empresas, mejorar su posición exportadora y promover la creación de nuevos empleos. Para ello, la promoción de la innovación se considera un aspecto fundamental, no solo desde un punto de vista tecnológico, sino también en lo que a la promoción de nuevos modelos de negocio se refiere.

Dada la mayor complejidad del conocimiento que caracteriza a los sectores de alta tecnología (por conocimiento complejo entendemos aquel que tiene muchos componentes subyacentes, o muchas relaciones de interdependencia entre tales componentes, o ambos – Schilling, 2011), el grado de cualificación del capital humano debe ser especialmente elevado y sus capacidades cognitivas y sociales (Boyatzis, 2008) también. Puesto que buena parte del conocimiento tecnológico reviste un carácter tácito y por lo tanto solamente se encuentra recogido parcialmente en explicaciones escritas o gráficas (Nelson & Wright, 1992; Rosenbloom, 2010), la interacción y cooperación entre individuos dentro y fuera de la organización adquiere especial importancia, razón por la cual las capacidades sociales de los individuos son tan relevantes.

Aunque algunos estudios previos han analizado la relación entre capital humano e innovación (por ejemplo: Wu, Lin & Hsu, 2007; Martín de Castro, Alama-Salazar, Navas-López & López-Sáez, 2009; Leitner, 2011; Pizarro-Moreno, Real & De la Rosa, 2011; Carmona-Lavado, Cuevas-Rodríguez & Cabello-Medina, 2013) o entre gestión de recursos humanos e innovación (por ejemplo: Jiménez-Jiménez y Sanz-Valle, 2005; Li, Zhau & Liu, 2006; Beugelsdijk, 2008; Saá-Pérez & Díaz-Díaz, 2010; Gil-Marqués & Moreno-Luzón, 2013), son pocos los que han considerado capital humano y gestión de recursos humanos simultáneamente. Además, en el caso de la innovación, los estudios tienden a considerar el output de innovación generado (por ejemplo, nuevos productos, servicios o procesos), o los resultados a los que dichos outputs dan lugar (por ejemplo, proporción de ingresos procedente de productos nuevos y/o mejorados), en lugar de estudiar la capacidad de innovación en sí misma y las distintas dimensiones que la configuran (generación de nuevas ideas y gestión de los proyectos de innovación, principalmente). Sin embargo, para mejorar su desempeño innovador, las empresas necesitan conocer cómo mejorar los distintos aspectos que configuran dicha capacidad. Por lo tanto, en el presente capítulo, adoptaremos esta perspectiva y mostraremos cómo la gestión estratégica de recursos humanos contribuye a mejorar las distintas dimensiones de la capacidad de innovación a través de su incidencia en el capital humano.

Nuestro trabajo quedará estructurado como sigue:

En primer lugar, presentaremos el marco conceptual de la investigación. Nuestro estudio se inscribe dentro de la disciplina de la Dirección Estratégica y, más concretamente, dentro del paradigma de los recursos y capacidades. A su vez, dentro de dicho paradigma, nos centramos en el estudio de los recursos de carácter intangible o capital intelectual, del que el capital humano constituye una parte. El capital intelectual posee a su vez una doble dimensión: estática (los activos intangibles que la empresa posee o controla en un momento dado) y dinámica (las actividades que la organización lleva a cabo para adquirir, desarrollar y gestionar tales activos). Dado que nosotros nos centramos en el estudio del capital humano como activo intangible o elemento estático, lo que nos interesa dentro de esta perspectiva dinámica es el conjunto de políticas y prácticas de gestión de recursos humanos que la empresa pone en práctica (gestión estratégica de recursos humanos) para promover su adquisición (en sentido figurado) y desarrollo. Por último, dado que queremos analizar la incidencia de la gestión estratégica de recursos humanos y del capital humano sobre la capacidad de innovación de la organización, profundizaremos en dicho concepto y en su vínculo con la creación de nuevo conocimiento.

Una vez presentado el marco conceptual de la investigación, en el siguiente apartado procederemos a presentar el modelo de investigación y las hipótesis formuladas para, acto seguido, presentar el método de investigación y los resultados obtenidos. Terminaremos nuestra exposición con una presentación de las principales conclusiones extraídas, las contribuciones teóricas y prácticas del trabajo realizado, las limitaciones de la investigación llevada a cabo y un conjunto de sugerencias para futuros trabajos.

2. Marco Conceptual

2.1. El Origen de la Ventaja Competitiva: Recursos y Capacidades

La presente investigación se sitúa en el ámbito de la Dirección Estratégica, cuya esencia radica en el estudio de las fuentes de ventaja competitiva y de creación de valor (Grant, 2008). A lo largo del tiempo, son dos los principales paradigmas que han surgido con este fin: el paradigma de las fuerzas competitivas (o paradigma basado en el mercado) y el paradigma basado en los recursos y capacidades (*resource-based view*). Este último constituye el paradigma dominante desde la década de 1990 hasta nuestros días.

Según señala Sáenz (2011), de acuerdo con este paradigma, las empresas más rentables lo son no porque lleven a cabo inversiones estratégicas que permitan generar barreras de entrada y elevar los precios por encima de sus costes a largo plazo (enfoque basado en el mercado), sino porque sus costes son marcadamente inferiores, o su nivel de calidad sensiblemente mayor, o la funcionalidad de sus productos sensiblemente mejor (Teece, pisano & Shuen, 1997). Por lo tanto, la ventaja competitiva deriva de una base de recursos única y diferenciada (que no puede ser fácilmente imitada), y no de una determinada posición detentada en el mercado.

La base de recursos de una organización está constituida por los activos tangibles, intangibles y humanos (recursos en sentido estricto) que la organización posee, controla, o a los que tiene acceso de modo preferencial, así como por las capacidades que domina (Helfat, Finkelstein, Michell, Peteraf, Singh, Teece et al., 2007). Para desarrollar una determinada actividad, la empresa necesita combinar distintos activos (recursos en sentido estricto). Las capacidades (que representan aquello que la empresa sabe hacer) permiten a la organización desplegar, combinar y utilizar sus activos para alcanzar sus metas. Aunque sin activos que utilizar y combinar no puede haber capacidades (es decir, los recursos en sentido estricto constituyen la base de las capacidades organizativas), las capacidades son su principal fuente de ventaja competitiva, ya que, si la empresa no es capaz de utilizar sus recursos adecuadamente, no podrá generar valor ni beneficios (Grant, 2008). Además, dos empresas con idénticos activos pueden acabar generando un valor muy distinto, dependiendo de cuál sea su habilidad para combinar y utilizar los mismos.

En este punto cabe formularse la siguiente pregunta: ¿por qué las capacidades se consideran un recurso en sentido amplio? Porque si estamos de acuerdo en que el conocimiento constituye un recurso, las capacidades representan un tipo de conocimiento en particular: el conocimiento de tipo práctico o *know how* que permite a la organización utilizar sus restantes activos y obtener el máximo provecho de ellos.

¿Qué atributos debería tener un recurso en sentido amplio (recurso en sentido estricto o capacidad) para ser susceptible de generar ventajas competitivas? Tales atributos, propuestos ya por Barney en su artículo seminal de 1991 (y frecuentemente citados en la literatura) son los siguientes (Sáenz, 2011):

1. En primer lugar, los recursos deben ser valiosos *(valuable)*. En este caso, el término "valor" se refiere a las posibilidades que los recursos ofrecen para explotar oportunidades o neutralizar amenazas del entorno.

2. Adicionalmente, para posibilitar la generación de una ventaja competitiva sostenible, los recursos deben ser escasos (*rare*). Si un recurso, aunque sea valioso, es poseído por muchas empresas, entonces, todas ellas tienen la posibilidad de explotarlo del mismo modo, anulando las posibilidades de obtención de una ventaja competitiva.

3. En tercer lugar, para posibilitar la obtención de una ventaja duradera, los recursos deben ser imitables sólo de manera imperfecta (*imperfectly imitable resources*). Es decir, aquellas empresas que no posean el recurso o recursos en cuestión no deben poder obtenerlos. Esto puede ser consecuencia de una o varias razones: (a) la habilidad de la empresa para obtener el recurso depende de unas condiciones históricas únicas; (b) la relación causal entre los recursos poseídos por la empresa y su ventaja competitiva es ambigua; y (c) el recurso que genera la ventaja competitiva de la empresa es socialmente complejo.

4. Finalmente, para generar ventajas competitivas, un recurso debe ser no sustituible (*non substitutability*). Si una determinada oportunidad o una determinada amenaza pudiera ser explotada o neutralizada, según el caso, mediante el empleo de dos recursos distintos, pero uno de ellos fuera escaso y difícilmente imitable, pero el otro no, entonces, la ventaja competitiva a la que podría dar lugar el primer recurso

quedaría anulada, ya que, las demás empresas podrían obtener fácilmente el segundo recurso y obtener con él idénticos resultados.

La difícil imitabilidad que aparece ligada a la mayor parte de recursos intangibles hace de ellos fuente potencial importante de ventajas competitivas duraderas, por encima de los recursos de naturaleza física o tangible. Ello justifica el interés de su estudio y la búsqueda de herramientas que faciliten su generación, adquisición y mejora.

Un desarrollo posterior dentro del paradigma estratégico de los recursos y capacidades es el denominado enfoque basado en el conocimiento o *knowledge-based view*. Esta extensión del *resource-based view* considera el conocimiento como el recurso estratégico clave (Sáenz, 2011) y afirma que la razón de ser de la empresa radica en la creación, transferencia y transformación del conocimiento en ventaja competitiva (Kogut & Zander, 1992). En consonancia con lo anterior, las diferencias de resultados entre empresas estarían justificadas por sus distintos stocks de conocimiento y por sus distintas capacidades para la explotación y desarrollo de nuevo conocimiento (Nonaka & Takeuchi, 1995; Grant, 1996; Spender y Grant, 1996).

Sin embargo, tal y como señala Teece (2007, 2009), en entornos globalizados y rápidamente cambiantes, la consecución de ventajas competitivas sostenibles requiere algo más que el dominio de recursos difícilmente imitables: requiere también el dominio de capacidades dinámicas difíciles de replicar. Frente a las capacidades de tipo operativo (que son aquellas que permiten a la empresa "ganarse la vida" en el momento presente; Winter, 2003), las capacidades dinámicas son las que sientan las bases de sus ganancias futuras.

Tal y como recoge Sáenz (2011), en este nuevo enfoque (el enfoque de las capacidades dinámicas), la esencia de la formulación estratégica radica en la selección y desarrollo de tecnologías y modelos de negocio que den lugar a la generación de ventajas competitivas mediante la orquestación y combinación de activos difícilmente imitables (Teece, 2007, 2009). Frente al paradigma basado en el mercado (que considera la estructura de éste como un factor exógeno), en el paradigma de las capacidades dinámicas, la configuración/estructura del mercado constituye una variable endógena, fruto de la innovación y del aprendizaje.

2.2. Los Recursos Intangibles como Fuente de Ventaja Competitiva y Creación de Valor: Capital Intelectual

Tal y como hemos visto, el enfoque de los recursos y capacidades pone de relieve la relevancia de los recursos de naturaleza intangible (y del conocimiento en particular) como base para la obtención de ventajas competitivas duraderas. A partir de aquí, emerge toda una corriente de literatura orientada hacia el estudio, clasificación, gestión y medición de tales recursos: nos referimos a la corriente conocida como "capital intelectual", que surge con especial fuerza a partir de la segunda mitad de la década de 1990 (Stewart, 1991, 1997; Edvinsson & Malone, 1997; Roos, Roos, Dragonetti & Edvinsson, 1997; Sveiby, 1997; Sullivan, 1998).

El capital intelectual puede ser abordado desde una doble perspectiva: estática o dinámica (Kianto, 2007; Kianto, Hurmelinna-Laukkanen & Ritala, 2010). La perspectiva estática hace alusión al stock de recursos intangibles poseídos o controlados por la organización, mientras que la visión dinámica centra su atención en las actividades a través de las cuales se gestionan tales recursos. En los próximos apartados procederemos a describir ambos enfoques.

2.2.1. La Dimensión Estática del Capital Intelectual: el Stock de Capital Intelectual

Desde una perspectiva estática, los recursos que configuran el stock de capital intelectual de una organización se suelen clasificar en tres grandes categorías: capital humano, capital estructural y capital relacional (ejemplos: Edvinsson & Malone, 1997; Bontis, 1998). Sin embargo, la conceptualización de tales componentes varía dependiendo de los elementos intangibles considerados: únicamente conocimiento, o bien conocimiento y otros recursos intangibles (visión holística; Sáenz, 2011; Sáenz & Aramburu, 2011).

En el primer caso, la noción de capital intelectual se asimila a la de "capital de conocimiento". De acuerdo con ello, el capital intelectual de una organización vendría a ser la suma de todo el conocimiento que las empresas utilizan para su ventaja competitiva. Este es el punto de vista de autores como Stewart (1997), Nahapiet y Ghoshal (1998), Sullivan (1998) y Youndt, Subramaniam y Snell (2004). En la perspectiva holística, en cambio, el capital intelectual se concibe como la suma de todos los recursos de naturaleza intangible que la empresa utiliza para competir con éxito (no solo conocimiento). Por ejemplo, se incluirían también: la lealtad, motivación y flexibilidad de los empleados; el estilo de liderazgo y de dirección; la cultura organizativa y los sistemas de incentivos; la imagen de marca y la reputación corporativa, por citar algunos (Marr, 2006). Autores como Roos et al. (1997), Bontis (1999) y Marr (2006) se encuentran más próximos a este enfoque.

Tal y como señalan Sáenz (2011) y Sáenz y Aramburu (2011), en ambos casos (es decir, tanto desde la perspectiva centrada en el conocimiento, como desde la perspectiva holística), el capital humano se considera la parte viviente y pensante de los recursos intangibles (Marr, 2006). No figura en los balances de situación de las empresas porque las personas no pueden poseerse en propiedad: prestan sus servicios en virtud de un contrato de trabajo (Grant, 2008). En la perspectiva centrada en el conocimiento, el capital humano incluye el conocimiento, destrezas y habilidades que los individuos poseen y utilizan (Schultz, 1961; Youndt et al., 2004), mientras que, en la perspectiva holística, se incluyen también otros elementos adicionales, tales como las actitudes, motivación y compromiso de las personas (Marr, 2006; Bueno, Del Real, Fernandez, Longo, Merino, Murcia et al., 2011).

Las diferencias entre la perspectiva centrada en el conocimiento y la perspectiva holística se hacen más profundas cuando se trata de conceptualizar capital estructural y capital relacional (Sáenz, 2011; Sáenz y Aramburu, 2011). En el primer caso, la distinción entre capital organizativo (o capital estructural) y capital social (o capital relacional) tiene su origen en el tipo de conocimiento considerado. Mientras que el capital organizativo comprende el conocimiento institucionalizado y la experiencia codificada (esto es, el "conocimiento explícito") que se guarda y utiliza mediante bases de datos, patentes, manuales, estructuras, sistemas y procesos (Youndt et al., 2004), el capital social se refiere al conocimiento que radica en las interacciones entre individuos y sus redes, y al que es posible acceder a través de tales interacciones y redes (Nahapiet y Ghoshal, 1998). Esta segunda definición hace alusión al llamado "conocimiento tácito" y abarca tanto las redes de interrelaciones entre individuos de la propia organización, como las que existen entre los miembros de ésta y otros agentes externos (Sáenz, 2011; y Sáenz y Aramburu, 2011).

Por el contrario, en la perspectiva holística, la distinción entre capital estructural y capital relacional tiene su origen en la ubicación del conocimiento y otros recursos intangibles. Mientras que el capital estructural hace alusión al conocimiento y demás activos de naturaleza intangible que permanecen en la empresa cuando las personas la abandonan (Bueno et al., 2011), el capital relacional se refiere a todos los recursos de naturaleza intangible ligados a las relaciones que ésta mantiene con otros agentes externos, tales como clientes, proveedores de bienes, servicios o capital, y socios de I+D (Meritum Project, 2002).

En el presente trabajo, adoptaremos la visión del capital intelectual basada en el conocimiento y nos centraremos en el estudio de una de sus categorías: el capital humano (esto es, en el conocimiento, experiencia y capacidades del personal que trabaja en la organización).

2.2.2. La Dimensión Dinámica del Capital Intelectual: el Rol de la Gestión Estratégica de Recursos Humanos

Más allá de los recursos intangibles disponibles en un momento dado, resulta imprescindible tomar en cuenta aquellas prácticas orientadas a la adquisición o producción interna de tales recursos, así como al apoyo y mejora de los ya existentes. Ello nos conduce a la dimensión dinámica del capital intelectual. Puesto que el conocimiento constituye el recurso intangible por excelencia, dicha dimensión pone su acento en aquellas actividades que permiten que el conocimiento sea creado, compartido, aprendido, reforzado, organizado y utilizado (Abell & Oxbrow, 2001). Dado que el conocimiento constituye un recurso de naturaleza intrínsecamente humana, algunas de estas actividades forman parte de la esfera de lo que denominamos "gestión de recursos humanos", mientras que otras van más allá de los contornos tradicionales de dicho ámbito y han dado lugar a lo que hoy se conoce como "gestión del conocimiento". En nuestro caso, habida cuenta de que el foco de atención de este capítulo lo constituye el capital humano, nos centraremos en las prácticas de gestión de recursos humanos.

Actualmente, dichas prácticas reciben el apelativo de "estratégicas" (gestión estratégica de recursos humanos). El hecho de que las personas sean consideradas un factor fundamental para la ventaja competitiva de las organizaciones (si no el más relevante) es lo que confiere a su gestión un carácter estratégico (Torrington, Hall, Taylor & Atkinson, 2014). Ello implica un cambio de gran calado, pues supone considerar la estrategia de recursos humanos como un fin en sí mismo, en lugar de como un medio para hacer realidad la estrategia de negocio. Según señala Boxall (1996), la estrategia de negocio debe considerarse con un alcance más amplio que el habitualmente contemplado en la noción de "estrategia competitiva" (que hace alusión al posicionamiento de la empresa en el mercado), debiendo incluir otros aspectos como la propia estrategia de recursos humanos o la estrategia de marketing. Por lo tanto, en el nuevo enfoque, la estrategia de gestión de personas debería estar integrada en la estrategia de negocio, en lugar de subordinada a la misma (Torrington et al, 2014). Otros llegan más lejos aún y consideran que si las personas constituyen la base de la ventaja competitiva, la estrategia de negocio debería construirse sobre la base de sus fortalezas. Es decir, en lugar de estar integrada en la estrategia de negocio como sugiere el enfoque anterior, desde esta perspectiva, la estrategia de recursos humanos condicionaría la formulación de la estrategia de negocio (Butler, 1988; Lengnick-Hall & Lengnick-Hall, 2003; Torrington et al., 2014).

La literatura distingue tres grandes enfoques en la gestión estratégica de los recursos humanos: el enfoque universal, el enfoque contingente y el enfoque basado en los recursos y capacidades.

El enfoque universal parte de la premisa de que, con independencia del contexto y de la estrategia de negocio (estrategia competitiva), existe un modo mejor de gestionar las personas que conduce a un desempeño superior. Para ello, la clave radica en lograr un alto nivel de compromiso organizativo a través de un conjunto de prácticas de gestión de recursos humanos que se refuerzan mutuamente, como por ejemplo, el establecimiento de programas de involucración, trabajo en equipo, formación y desarrollo, y sistemas progresivos de incentivos. Autores como Huselid (1995), Pieffer (2005) y Boxall y Macky (2009) se situarían dentro de esta corriente (Torrington et al., 2014). Sin embargo, la identificación por parte de los investigadores de conjuntos de prácticas de gestión de recursos humanos aparentemente contradictorios que dan lugar a buenos resultados siembra dudas sobre la validez de este enfoque. Además, pareciera que lo único que deben hacer los directivos es aplicar las prácticas sugeridas para que las personas a su cargo hagan lo que se espera de ellas (con independencia de cuáles sean sus intereses personales), cuando, en realidad, las cosas suelen ser más complejas (Torrington et al., 2014). Además, estudios como el de Truss, Mankin & Kelliher, (2012) ponen de manifiesto la dificultad de aplicar prácticas semejantes en países con culturas diferentes y distinto marco regulador.

El enfoque contingente pone el acento en la necesidad de alinear las políticas y prácticas de gestión de recursos humanos con la estrategia de negocio, de modo que se logre su implementación y la empresa sea exitosa. Al contrario de lo que sucede en el enfoque universal (donde se considera que existe un modo mejor de gestionar las personas con independencia de cuál sea la estrategia de la organización), el enfoque contingente parte de la base de que diferentes tipos de estrategia de negocio requieren estrategias de recursos humanos también distintas (Torrington et al., 2014). Dependiendo de cuál sea la estrategia de negocio, las prácticas de selección, evaluación, desarrollo y recompensa deberían adaptarse en consonancia.

Extendiendo este razonamiento un paso más allá, en definitiva, de lo que se trata es de que las políticas y prácticas de gestión de recursos humanos den lugar a los comportamientos adecuados por parte del personal de la organización, en función de cuál sea la estrategia de negocio elegida. En esta línea, el trabajo desarrollado por Schuler y Jackson (1987) constituye un excelente ejemplo. Tomando como base las tres estrategias competitivas genéricas propuestas por Porter (1980), ambos autores identificaron los comportamientos adecuados para cada tipo de estrategia y las políticas y prácticas de gestión de recursos humanos más apropiadas en cada caso (Torrington et al., 2014). Asimismo, Purcell (1992) realizó un ejercicio semejante con las estrategias derivadas de la matriz de la Boston Consulting Group.

A pesar de su lógica atractiva, este enfoque no está exento de críticas. Algunos autores lo tachan de excesivamente simplista por no abordar cuestiones como qué ocurre si no es posible generar una respuesta adecuada por parte del personal que dé lugar al comportamiento y desempeño adecuados. En definitiva, con ello se pone el acento en el olvido de aspectos tales como las fortalezas y debilidades que presentan los empleados, su potencial de desarrollo, su nivel de motivación y el ámbito de las relaciones laborales (Torrington et al., 2014). Asimismo, otras críticas se centran en la consideración exclusiva de las estrategias de tipo deliberado, sin tomar en cuenta las de tipo emergente, y otras lo hacen en la falta de consideración de los intereses personales de los trabajadores, que pueden optar por modificar o no su conducta.

Este último elemento pone el acento en la necesidad de considerar las actitudes de los individuos dentro de la ecuación. Precisamente, el trabajo de Purcell, Kinnie, Hutchinson, Rayton y Swart (2003) pone de relieve que las prácticas de gestión de recursos humanos contribuyen a la mejora del desempeño a través de la influencia que ejercen sobre las actitudes de los empleados. Concretamente, tales actitudes son las que determinan el comportamiento de los individuos y su deseo de contribuir por encima del mínimo establecido. En esta línea, el compromiso organizativo no sería la única actitud a tomar en cuenta. Otras actitudes como la confianza también pueden ser muy importantes (Torrington et al., 2014).

Finalmente, el enfoque basado en los recursos y capacidades pone el acento en la promoción de ventajas competitivas duraderas a través del desarrollo del capital humano. Las personas podrán ser fuente de ventaja competitiva para las organizaciones en la medida en que sean únicas y valiosas, y las empresas competidoras no puedan hacerse con otras semejantes. Por lo tanto, al contrario de lo que sucede con el enfoque contingente (que pone el acento en el comportamiento de los individuos), el enfoque basado en los recursos y capacidades pone el acento en el conocimiento, habilidades, competencias y actitudes de los empleados que promueven determinados tipos de comportamiento, y cuyo impacto en la supervivencia a largo plazo de la organización es mayor que los comportamientos específicos desarrollados en un momento dado (Wright, McMahon & McWilliams, 1994; Briggs & Keogh, 1999; Torrington et al., 2014). En este enfoque, el capital humano de la organización media la relación entre las políticas y prácticas de gestión de recursos humanos y el comportamiento de los individuos. Esto es, las políticas y prácticas de gestión de recursos humanos contribuyen al desarrollo del capital humano de la organización (conocimiento, habilidades, competencias y actitudes del personal), lo que a su vez promueve determinados comportamientos que son la base para la obtención de ventajas competitivas duraderas (Wright et al., 1994).

Este enfoque será el que nosotros adoptaremos en nuestra investigación. Concretamente, veremos cómo determinadas políticas y prácticas de gestión de recursos humanos (selección y desarrollo profesional, y gestión sistemática de competencias) contribuyen al desarrollo y mejora del capital humano de la organización y, a través de ello, a la mejora de la capacidad de innovación, lo cual constituye un factor clave de competitividad en el contexto actual.

2.3. Innovación y Creación de Conocimiento

2.3.1. La Innovación como Capacidad Dinámica

Por lo tanto, el otro gran elemento en el que se centra nuestra investigación es en la capacidad de las organizaciones para innovar. Hoy en día, la innovación está considerada como un factor crítico de competitividad y crecimiento fuera de toda discusión (Bessant & Tidd, 2007; Von Stamm, 2008; Schilling, 2011). Tal y como la actual crisis económica muestra con toda su crudeza, un pobre desempeño en materia de innovación se traduce en mayores dificultades para superar la misma y afrontar las presiones competitivas crecientes derivadas de una economía cada vez más globalizada. En el caso de la Unión Europea, por ejemplo, todos los países que han experimentado una evolución acumulada negativa de su PIB durante el período 2008-2013 (con la excepción de Irlanda) son innovadores "moderados" o "modestos" (es decir, países cuyo desempeño innovador se encuentra por debajo de la media de la UE), mientras que todos los países "líderes" o "seguidores" en este apartado (esto es, aquellos cuyo desempeño innovador se sitúa por encima de la media de la UE) han experimentado una evolución acumulada positiva de su PIB.

Tal y como puede verse en Sáenz (2011) o en Sáenz y Aramburu (2011), si bien no existe una definición de innovación universalmente aceptada, la mayor parte de las definiciones existentes coincide en señalar que innovar implica concebir e implantar algo nuevo. En esta línea, Thompson (1965) define la innovación como la generación, aceptación e implementación de nuevas ideas, procesos, productos o servicios; Van de Ven (1986) como la identificación y uso de oportunidades para crear nuevos productos, servicios o prácticas de trabajo; y Trott (2005) como aquel proceso a través del cual se produce una idea nueva viable y se procede a su implementación de manera que genere valor.

Esta última definición introduce la noción de innovación como "proceso" o conjunto de actividades sucesivas y, por lo tanto, abre la puerta a hablar de la innovación como "capacidad" (habilidad para desempeñar una tarea, función o actividad; Helfat et al., 2007) y, más concretamente, como "capacidad dinámica". Dicho concepto se refiere a la capacidad de una organización para crear, extender o modificar su base de recursos de manera intencionada (Helfat et al., 2007). Concretamente, la innovación permite configurar o reconfigurar los recursos de una organización mediante la adición de nuevo conocimiento incorporado en nuevos productos, servicios, procesos, tecnologías o modelos de negocio.

La noción de capacidad dinámica (y, por lo tanto, la propia innovación) puede desagregarse en varias capacidades más simples, o capacidades de primer nivel. Concretamente, Teece (2007, 2009) señala las siguientes capacidades básicas:

- La capacidad de detectar (y dar forma a) oportunidades y amenazas (*sensing – and shaping – opportunities and threats*). En el caso de la innovación, esto podría traducirse en el proceso de generación de nuevas ideas.

- La capacidad de aprovechar las oportunidades detectadas (*seizing opportunities*), o lo que es lo mismo, la capacidad de formular una respuesta ante la necesidad u oportunidad identificada e implementar un curso de acción (Helfat et al., 2007). En el caso de la innovación, esto se traduciría en la definición y desarrollo de un proyecto de innovación.

- La capacidad de mantener la competitividad mediante el refuerzo, combinación, protección y, en caso necesario, reconfiguración de los activos tangibles e intangibles que componen la empresa. Esto último guarda relación con la capacidad de ésta de "reinventarse" a sí misma y no morir de éxito.

En este trabajo, nosotros nos centraremos en las dos primeras capacidades: esto es, en la generación de nuevas ideas y en la definición y desarrollo de proyectos de innovación (gestión de proyectos).

Esta última capacidad hace alusión al proceso de dirigir y controlar un programa específico de trabajo (Jones, 2013) que dé lugar a la creación de productos, servicios, procesos, métodos de gestión o modelos de negocio nuevos o mejorados. Ello requiere asignar los recursos apropiados a cada proyecto; coordinar esfuerzos entre diferentes unidades organizativas, agentes y proyectos; y aprovechar el conocimiento generado o adquirido en el pasado (en otras palabras, requiere gestionar los proyectos de innovación de manera efectiva). Asimismo, resulta necesario que las nuevas innovaciones sean puestas en marcha en el momento oportuno y habiéndose ajustado al presupuesto establecido (esto es, los recursos disponibles deben ser utilizados de manera eficiente). En el caso particular del lanzamiento de nuevos productos, la gestión de proyectos de manera que se logre reducir el tiempo de comercialización de los mismos y los elevados costes de innovación asociados constituye una cuestión cada vez más relevante (Jones, 2013). Una buena gestión de los proyectos de innovación debería contribuir a ambas cosas.

2.3.2. Relación entre Innovación y Creación de Conocimiento

Por otra parte, innovación y creación de conocimiento se encuentran íntimamente relacionadas. Según Nonaka y Takeuchi (1995), cuando las organizaciones innovan, no solamente procesan información procedente del exterior de cara a resolver los problemas existentes y adaptarse al entorno cambiante, sino que también crean nuevo conocimiento e información, desde dentro hacia fuera, con el propósito de redefinir los problemas y sus soluciones y, al mismo tiempo, recrear su entorno.

Para estos autores, la creación de nuevo conocimiento organizativo se refiere a la capacidad de la organización en su conjunto de crear nuevo conocimiento, diseminarlo a través de la misma e incorporarlo en productos, servicios y sistemas. La creación de nuevo conocimiento alimenta la innovación (Nonaka & Takeuchi, 1995: página 235) o, dicho de otro modo, constituye la piedra angular sobre la que se asienta la misma.

Dicha creación de conocimiento debe analizarse desde una dimensión epistemológica y desde una dimensión ontológica. Desde un punto de vista epistemológico, la creación de nuevo conocimiento implica la interacción entre conocimiento tácito y explícito. Dicha interacción recibe la denominación de "conversión del conocimiento" (Nonaka & Takeuchi, 1995: página 61). Para

Nonaka y Takeuchi, conocimiento tácito es aquel que reviste un carácter personal y dependiente del contexto, lo que dificulta su formalización y comunicación. Por el contrario, conocimiento explícito o "codificado" es aquel que puede ser transmitido mediante un lenguaje formal y sistematizado. La interacción entre conocimiento tácito y explícito es continua y dinámica, y está determinada por los cambios que se producen entre los distintos modos de conversión del conocimiento (socialización, externalización, combinación e internalización), lo que da lugar a una "espiral de creación de conocimiento".

La socialización implica la conversión de conocimiento tácito en tácito. Esto último tan solo puede lograrse mediante un proceso de intercambio de experiencias. Como resultado de ello, se genera un conjunto de modelos mentales compartidos y se logra la adquisición de habilidades técnicas. En el caso de la externalización, el conocimiento tácito se articula en una serie de conceptos explícitos mediante el uso de metáforas, analogías, hipótesis o modelos. Ello se logra mediante un proceso de reflexión colectiva. Por otro lado, la combinación implica la sistematización de conceptos en un "sistema de conocimiento", partiendo de distintos cuerpos de conocimiento explícito. Para ello, el uso de documentos, la celebración de reuniones, el mantenimiento de conversaciones o las redes de comunicación computarizadas pueden ser muy útiles. Finalmente, la internalización se encuentra estrechamente relacionada con la noción de "aprender haciendo" e implica incorporar conocimiento explícito en conocimiento tácito. Con este fin, verbalizar el conocimiento explícito o expresarlo en documentos, manuales o historias orales puede ser de gran ayuda.

Desde un punto de vista ontológico, la creación de conocimiento implica un movimiento progresivo desde un conocimiento creado en el ámbito individual hacia un conocimiento ampliado y cristalizado en el ámbito grupal, organizativo e inter-organizativo. Desde esta perspectiva, la creación de conocimiento implica un proceso continuo a través del cual la persona supera las fronteras y limitaciones individuales impuestas por la información y aprendizaje pasados, mediante la adquisición de un nuevo contexto, de una nueva visión del mundo y de nuevo conocimiento. Al interactuar y compartir conocimiento tácito y explícito con otras personas, el individuo refuerza su capacidad para definir una situación o problema y aplicar su conocimiento para actuar y resolverlo. La creación de conocimiento organizativo implica poner a disposición y ampliar el conocimiento creado por los individuos, así como cristalizar y conectar éste con el sistema de conocimiento de la organización (Nonaka & Takeuchi, 1995; Nonaka, Von Krogh & Voelpel, 2006).

3. Modelo de Investigación: Gestión Estratégica de Recursos Humanos, Capital Humano y Capacidad de Innovación

Dado que la creación de nuevo conocimiento y la innovación constituyen actividades genuinamente humanas, la calidad del capital humano de la organización (desde el punto de vista de los conocimientos, experiencia y capacidades que posee), junto con las prácticas de gestión de recursos humanos que inciden en él deberían ser dos cuestiones relevantes a la hora de fomentar la capacidad de innovación en las organizaciones. En esta línea, numerosos autores enfatizan la relevancia del capital humano como pilar fundamental de la innovación (por ejemplo: Boxall, 1996; Teece et al., 1997; Barney & Wright, 1998; Argote & Ingram, 2000; Laursen, 2002; Alegre, Lapiedra & Chiva, 2006; Cabello-Medina, López-Cabrales & Valle-Cabrera, 2011) y de las prácticas de gestión de personas que pueden contribuir a este fin (por ejemplo: Laursen & Foss, 2003; Lau & Ngo, 2004; Wang & Zang, 2005; Shipton, West, Dawson, Birdi & Patterson, 2006; Beugelsdijk, 2008; Zhou, Hong & Liu, 2013). Sin embargo, tan solo se han identificado cinco estudios que hayan abordado ambos aspectos simultáneamente: López-Cabrales, Perez-Luño y Valle-Cabrera (2009), De Winne y Sels (2010), Cabello-Medina et al. (2011), Jiang, Wang y Zhao. (2012) y Wang y Chen (2013).

Adoptando un enfoque basado en la perspectiva de los recursos y capacidades, el primero de ellos (López Cabrales et al., 2009) analiza el papel mediador que ejerce el carácter único y valioso del capital humano de los departamentos de I+D de empresas españolas pertenecientes a sectores intensivos en la obtención de patentes, y con más de 50 empleados, en la relación entre el empleo de prácticas de gestión de recursos humanos con un enfoque colaborativo y basado en el conocimiento, e innovación de producto. Los resultados obtenidos muestran que el carácter "único" del capital humano (esto es, su carácter irremplazable e idiosincrático, difícil de imitar o duplicar por parte de los competidores, o de ser arrebatado por éstos) media la relación entre el empleo de prácticas colaborativas en materia de gestión de personas y el nivel de desempeño alcanzado en innovación de producto. Por el contrario, aunque el empleo de prácticas de gestión de recursos humanos con un enfoque basado en el conocimiento ejerce un papel relevante a la hora de incrementar el "valor" del capital humano (entendiendo por tal el potencial que éste presenta para mejorar los niveles de eficiencia y eficacia de la empresa, explotar oportunidades y/o neutralizar amenazas potenciales; Lepak & Snell, 2002), dicho valor no media la relación entre el citado tipo de prácticas y la introducción de nuevos productos se refiere. Asimismo, cabe señalar que las prácticas de gestión de recursos humanos con un enfoque colaborativo no ejercen una influencia significativa a la hora de incrementar el valor del capital humano, de la misma manera que las prácticas basadas en el conocimiento tampoco la ejercen a la hora de fomentar el carácter único de dicho capital.

Como complemento del estudio anterior, el presentado por Cabello-Medina et al. (2011) sobre el mismo colectivo de empresas analizadas propone una clasificación diferente de las prácticas de gestión de recursos humanos. Así, en lugar de distinguir entre prácticas colaborativas y basadas en el conocimiento, distingue entre prácticas de selección que tengan en cuenta el potencial de aprendizaje de los trabajadores, prácticas orientadas al desarrollo, incentivos individuales y prácticas de empoderamiento. En este caso, los resultados obtenidos muestran que las únicas prácticas de gestión de recursos humanos que ejercen una influencia positiva y significativa a la hora de promover el carácter único del capital humano son las que tienen que ver con el empoderamiento del personal, mientras que las que contribuyen a incrementar su valor de modo relevante son las que pueden calificarse como "prácticas orientadas al desarrollo", tales como formación, gestión de carreras, programas de *mentoring* y evaluación del desempeño. Por el contrario, ni el empleo de prácticas de selección de personal que tengan en cuenta el potencial de aprendizaje de los trabajadores, ni el establecimiento de incentivos individuales, inciden de forma significativa sobre el valor y el carácter único del capital humano. Por otra parte, al igual que en el estudio anterior, tan solo esta última característica (el carácter único) ejerce una influencia significativa sobre la innovación de producto. Dado que no se analiza la influencia directa de las distintas prácticas de gestión de recursos humanos sobre la innovación, en este caso, no es posible determinar si el carácter único del capital humano media la relación entre empoderamiento e innovación de producto.

Por su parte, De Winne y Sels (2010) centran su estudio en las empresas belgas de nueva creación y analizan si, a mayor capital humano, mayor influencia de las prácticas de gestión de personas sobre la innovación. Es decir, en lugar de plantear un efecto mediador (las prácticas de gestión de recursos humanos influyen sobre la innovación a través de su incidencia en el capital humano), estos autores plantean un efecto moderador (las prácticas de gestión de recursos humanos amplifican el impacto del capital humano sobre la innovación). Respecto a las prácticas de gestión de personas consideradas, De Winne y Sels se limitan a tomar en cuenta el número de ellas utilizadas de entre las propuestas en su estudio (técnicas válidas de selección de personal, organización de actividades formativas, evaluación del desempeño basada en grupos, presencia de mecanismos de participación y gestión de competencias orientada a la retención del personal). Conforme a lo sugerido por ambos autores, los resultados obtenidos muestran que, a mayor capital humano de los empleados (medido a través de su nivel educativo) y a mayor número de prácticas de gestión de recursos humanos puestas en marcha, mayor innovación, y que el efecto de las prácticas de gestión de personas sobre la innovación se amplifica cuanto más alto sea el nivel del capital humano.

Por otra parte, Jiang et al. (2012) analizan el papel mediador de una faceta concreta del capital humano (la creatividad de los empleados) en la relación existente entre prácticas de gestión de recursos humanos e innovación en empresas chinas innovadoras. Concretamente, consideran las siguientes prácticas: la aplicación de una búsqueda extensiva y de procedimientos intensivos para la selección y contratación del personal; formación; evaluación del desempeño orientada al desarrollo y tolerancia de los errores; incentivos ligados a la innovación; diseño del puesto de trabajo que proporcione autonomía, retroalimentación, significado, variedad e identidad de la tarea; y trabajo en equipo. Los resultados obtenidos muestran que las prácticas de selección y contratación, incentivos, diseño del puesto de trabajo y trabajo en equipo ejercen una influencia positiva y significativa sobre la creatividad de los empleados, y que dicha creatividad media totalmente la relación entre las citadas prácticas y la innovación. Por el contrario, las prácticas relacionadas con la formación y la evaluación del desempeño no ejercen una influencia significativa sobre la creatividad, por lo que, en este caso, no puede plantearse la existencia de un efecto mediador.

Finalmente, el estudio realizado por Wang y Chen (2013) en empresas chinas de alta y baja tecnología analiza el efecto mediador del capital intelectual (y dentro de él, del capital humano entre otros) en la relación entre el empleo de prácticas de gestión de recursos humanos de alto rendimiento e innovación incremental y radical. Concretamente, las prácticas de gestión de recursos humanos consideradas de forma conjunta son las siguientes: dotación de personal completa (*comprehensive staffing*); formación extensiva; sistemas de incentivos basados en conocimiento y habilidades; trabajo en equipo y participación de los empleados. Los resultados obtenidos muestran que las prácticas de gestión de recursos humanos de alto rendimiento influyen de manera positiva y significativa en la innovación incremental y radical, así como sobre el capital humano. Sin embargo, al no existir una relación directa significativa entre dicho capital e innovación incremental y radical, la hipótesis de mediación no se verifica. Probablemente, ello sea debido a la existencia de efectos de mediación entre los diferentes componentes de capital intelectual considerados, que no han sido tenidas en cuenta en el estudio presentado.

Al margen de estos cinco estudios que, como hemos dicho, consideran de forma simultánea gestión estratégica de recursos humanos, capital humano e innovación, la mayor parte de trabajos realizados en el pasado (aunque no excesivamente numerosos) o bien ha analizado la relación existente entre capital humano e innovación, o bien entre la aplicación de distintas prácticas de gestión de recursos humanos e innovación.

En el primer grupo de estudios, lo habitual es analizar la influencia del capital humano y otros componentes estáticos del capital intelectual sobre la innovación. Por ejemplo, Wu et al. (2007) encuentran que el capital estructural y el capital relacional median totalmente la relación entre capital humano y el éxito conseguido en materia de innovación en empresas taiwanesas pertenecientes a los sectores de la electrónica y de las tecnologías de la información. En cambio, Carmona-Lavado et al. (2013) contemplan no solo las relaciones de mediación entre los distintos componentes del capital intelectual, sino también las de moderación. En su estudio en empresas españolas de base tecnológica intensivas en conocimiento, tales autores llegan a la conclusión de que el capital humano media parcialmente la relación entre capital social e innovación de servicio, y que el capital organizativo y el capital social refuerzan el impacto positivo del capital humano sobre dicha innovación. En el caso de las relaciones de moderación, Leitner (2011) ya había encontrado en su estudio sobre pequeñas y medianas empresas manufactureras austríacas que la influencia positiva del capital humano sobre la innovación de producto se ve reforzada cuando también existen altos niveles de capital estructural. En esta línea, Martín de Castro, Delgado-Verde, Amores Salvadó y Navas-López (2013) encuentran que la cultura de la organización modera la relación positiva entre capital humano y el éxito alcanzado en materia de innovación en empresas españolas de media-alta y alta tecnología. Previamente, Pizarro-Moreno et al. (2011) también habían encontrado que la existencia de una cultura emprendedora refuerza el impacto del capital humano en la innovación en empresas españolas pertenecientes a los sectores económicos más innovadores. Finalmente, algunos estudios desarrollados analizan la influencia de distintos componentes estáticos del capital intelectual sobre la innovación (entre ellos, el capital humano), sin plantear relaciones de mediación o moderación entre las variables estudiadas. En este subgrupo, Martín de Castro et al. (2009) realizan una investigación en empresas de servicios profesionales españolas y encuentra que, si bien el capital estructural y relacional ejercen una influencia directa y significativa sobre el desempeño innovador, no ocurre lo mismo con el capital humano. En cambio, Nieves y Segarra-Ciprés (2015) encuentran que el conocimiento y habilidades de los empleados, junto con las relaciones con agentes de cambio externos determinan la introducción de innovaciones de gestión en el sector hotelero, mientras que Chen, Zhao y Wang. (2015) encuentran que tanto el capital humano, como el capital estructural y relacional (todos ellos tanto desde una perspectiva interna como externa) inciden de forma positiva y significativa en el éxito alcanzado en materia de innovación.

En el caso de los estudios que analizan la influencia de distintas prácticas de gestión de personas sobre la innovación, la mayor parte de ellos parece haber adoptado un enfoque "contingente". Es decir, se han centrado en analizar cómo diversas prácticas de gestión de recursos humanos (por ejemplo, en los apartados de selección, formación, desarrollo, diseño del puesto de trabajo, evaluación y recompensa) permiten alinear o ajustar el comportamiento de los individuos a las necesidades derivadas de la innovación. Tal es el caso de Lau y Ngo (2004), Jiménez-Jiménez y Sanz-Valle (2005), Li et al. (2006), Beugelsdijk (2008), Gil-Marqués y Moreno-Luzón (2013) o Zhou et al. (2013). Tan solo el estudio realizado por Saá-Pérez, Díaz-Díaz y Ballesteros-Rodríguez (2012) podría decirse que adopta un enfoque basado en los recursos y capacidades y, por lo tanto, en la promoción de ventajas competitivas sostenibles a partir del desarrollo del capital humano, en lugar de centrarse exclusivamente en el comportamiento de los individuos que integran la empresa y su ajuste a los objetivos estratégicos establecidos en un momento dado. Previamente, Saá-Pérez y Díaz-Díaz habían publicado también en 2010 otro estudio en el que partían de una perspectiva universal en la gestión estratégica de recursos humanos, lo mismo que sucede con los estudios de Laursen y Foss (2003) y Shipton et al. (2006).

Dada la escasez de estudios que adoptan el enfoque basado en los recursos y capacidades, y habida cuenta de que nuestro estudio se enmarca, precisamente, en dicho paradigma, éste será el enfoque que nosotros adoptemos también a la hora de considerar la gestión estratégica de recursos humanos en nuestro trabajo.

Concretamente, consideraremos dos tipos de prácticas de gestión de recursos humanos: las prácticas de selección y desarrollo profesional, y la gestión sistemática de competencias. Las primeras están orientadas a atraer a los individuos con mayor potencial a la empresa (Huselid, 1995; Dooreward & Meihuizen, 2000; López-Cabrales et al., 2009) y a alinear sus conocimientos y habilidades con las necesidades de la organización (Shipton, West, Dawson, Birdi & Patterson, 2006; De Winne & Sels, 2010; Cabello-Medina et al., 2011). Desde este punto de vista, las políticas de selección y desarrollo profesional deberían promover aquellas capacidades que son coherentes con una apuesta por la innovación, tales como la capacidad creativa, la capacidad emprendedora, la capacidad de aprendizaje, la capacidad de trabajo en equipo, o la capacidad de promover y sacar provecho de la participación en redes de colaboración externas. Además, el fomento de tales capacidades debería producirse en el marco de una gestión sistemática de las competencias del personal, que se traduzca en la identificación y definición del tipo de conocimiento y competencias que son más relevantes para alcanzar las metas propuestas ("visión de conocimiento"), en la formulación de una estrategia que permita su desarrollo, y en la monitorización y evaluación de dicha estrategia (véase por ejemplo Torrington et al., 2014).

De acuerdo con el enfoque de la gestión estratégica de recursos humanos basada en los recursos y capacidades (Wright et al., 1994; Briggs & Keogh, 1999; Torrington et al., 2014) y de acuerdo con la definición de capacidad de innovación formulada, encontramos fundamento para plantear la siguiente hipótesis:

H1: El capital humano media la relación entre:

a) La gestión estratégica de recursos humanos (prácticas de selección y desarrollo profesional) y la capacidad de innovación:

    1.   Generación de nuevas ideas

    2.   Gestión efectiva de los proyectos de innovación

    3.   Uso eficiente de los recursos

b) La gestión estratégica de recursos humanos (gestión sistemática de competencias) y la capacidad de innovación:

    1.   Generación de nuevas ideas

    2.   Gestión efectiva de los proyectos de innovación

    3.   Uso eficiente de los recursos

Es decir, la influencia de ambos componentes de la gestión estratégica de recursos humanos (enfoque basado en los recursos y capacidades) sobre sobre la capacidad de innovación tiene lugar a través de su contribución a la mejora del capital humano.

Por otra parte, habida cuenta del vínculo ya expresado entre la gestión efectiva de los proyectos de innovación y el uso eficiente de los recursos (es de esperar que la primera facilite lo segundo), la influencia de los componentes dinámicos (gestión estratégica de recursos humanos) y estáticos (capital humano) del capital intelectual sobre el uso eficiente de los recursos en los proyectos de innovación (ajuste a costes y plazos) debería tener lugar, fundamentalmente, a través de su contribución a una mejor gestión de tales proyectos.

Es decir:

H2: La gestión efectiva de los proyectos de innovación media la relación entre:

a) La gestión estratégica de recursos humanos (prácticas de selección y desarrollo profesional)

b) La gestión estratégica de recursos humanos (gestión sistemática de competencias)

c) El capital humano y el uso eficiente de los recursos.

La Figura 1 nos muestra la representación gráfica del modelo de investigación planteado.

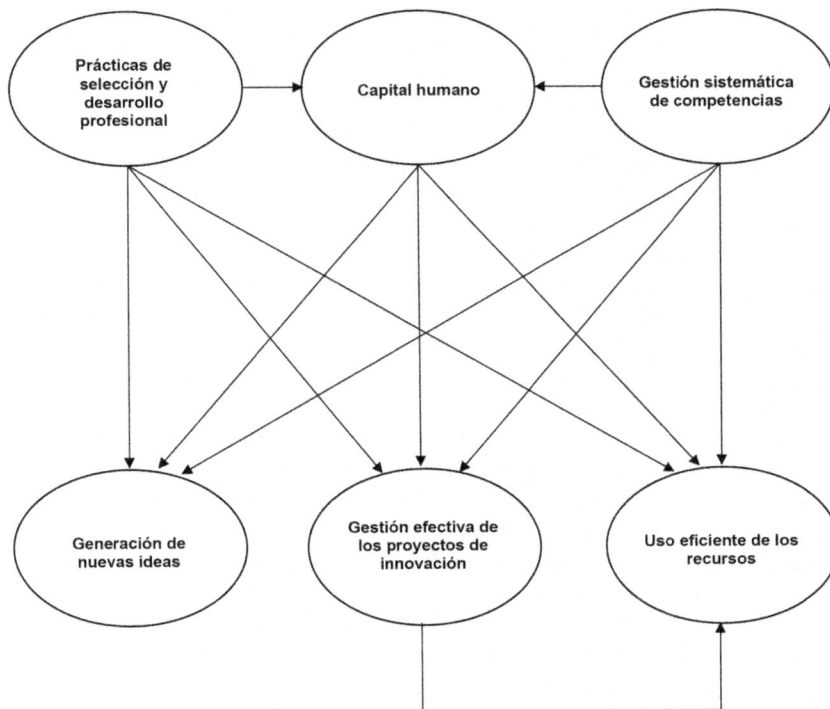

Figura 1. Gestión estratégica de recursos humanos, capital humano y capacidad de innovación – Modelo final.

4. Método de Investigación

4.1. Muestra de Empresas Estudiadas y Recogida de Datos

Tal y como ha sido puesto de manifiesto en la introducción de este capítulo, la población objeto de estudio en esta investigación está constituida por las empresas de software de El Uruguay pertenecientes a la Cámara Uruguaya de Tecnologías de la Información (CUTI). En total, 319 empresas pertenecían a la citada institución en el momento de realizar el trabajo de campo en el año 2012.

Con el fin de recabar información sobre las variables objeto de análisis, se diseñó un cuestionario que fue administrado a directivos de las empresas integrantes de la población a estudiar mediante entrevista telefónica. Se obtuvieron un total de 105 cuestionarios respondidos sobre 319 (el total de empresas pertenecientes a la CUTI), lo que implica una tasa de respuesta del 33%. Nueve (9) respuestas fueron facilitadas por los propios presidentes o propietarios de las empresas, sesenta y cinco (65) por sus directores generales y treinta y uno (31) por otros directivos como, por ejemplo, responsables de operaciones, directores de recursos humanos, del área comercial o de marketing, y directores regionales.

Dado que, en cada empresa, la información correspondiente tanto a las variables dependientes como independientes ha sido facilitada por un único individuo, ello podría dar lugar a lo que se conoce como sesgo del método común o *commom method bias* (Podsakoff, MacKenzie, Lee & Podsakoff, 2003). A efectos de identificar si lo anterior constituye verdaderamente un problema en el conjunto de datos a analizar en este trabajo, se ha llevado a cabo la prueba de un factor de Harmon (Podsakoff & Organ, 1986). Los resultados obtenidos sugieren la presencia de 7 factores diferentes, por lo que cabe concluir que los efectos derivados del empleo de un método común no constituyen un contaminante probable de los resultados de la investigación.

4.2. Modelo de Medida

El modelo de medida de la investigación está constituido por dos variables independientes (prácticas de selección y desarrollo profesional, y gestión sistemática de competencias), una variable mediadora (capital humano) y tres variables dependientes (generación de nuevas ideas, gestión efectiva de los proyectos de innovación y uso eficiente de los recursos). En realidad, en virtud de la segunda hipótesis formulada, la gestión efectiva de los proyectos de innovación constituye también una variable mediadora respecto a la última de las tres dimensiones de la capacidad de innovación (el uso eficiente de los recursos).

La Tabla 1 nos muestra los indicadores considerados dentro de cada constructo, así como las preguntas específicas del cuestionario que han permitido obtener la información referente a los mismos.

Las escalas correspondientes a prácticas de selección y desarrollo profesional y gestión sistemática de competencias han sido diseñadas *ad hoc* para la presente investigación. En cambio, la escala correspondiente a capital humano ha sido tomada de Miles (2011), mientras que las escalas correspondientes a las distintas dimensiones de la capacidad de innovación (generación de nuevas ideas, gestión efectiva de los proyectos de innovación y uso eficiente de los recursos han sido adaptadas a partir de Sáenz, Aramburu y Rivera (2009, 2010).

Como puede verse en la Tabla 2, todos los constructos han sido modelados como reflectivos. Es decir, consideramos que los indicadores que los componen constituyen manifestaciones de las variables latentes a las que representan y que se encuentran estrechamente correlacionados entre sí.

*Tabla 1. Gestión estratégica de recursos humanos, capital humano y capacidad de innovación –
Constructos, indicadores y preguntas (1 de 2).*

Constructos e indicadores	Preguntas
Prácticas de selección y desarrollo profesional (reflectivo)	Valore de 1 a 7 en qué medida las políticas de selección y desarrollo profesional en su organización consideran relevante promover las competencias vinculadas a (1 = Nada; 7 = Mucho):
PSDP1	1. Trabajo en equipo
PSDP2	2. Creatividad
PSDP3	3. Emprendimiento
PSDP4	4. Liderazgo
PSDP5	5. Aprendizaje
PSDP6	6. Creación y participación en redes externas
Gestión sistemática de competencias (reflectivo)	Valore de 1 a 7 su grado de acuerdo o desacuerdo con las siguientes afirmaciones (1 = Totalmente en desacuerdo; 7 = Totalmente de acuerdo):
GSC1	1. Nuestra organización posee una visión clara sobre el tipo de conocimiento y competencias que son más relevantes para alcanzar sus objetivos.
GSC2	2. Nuestra empresa posee una estrategia explícitamente definida para el desarrollo del conocimiento y competencias de los miembros que la integran.
GSC3	3. En nuestra organización existen planes de desarrollo profesional para cada individuo.
GSC4	4. Nuestra empresa evalúa su capital intelectual (conocimiento y competencias) de manera sistemática.

Constructos e indicadores	Preguntas
Capital humano (reflectivo)	Valore de 1 a 7 su grado de acuerdo o desacuerdo con las siguientes afirmaciones (1 = Totalmente en desacuerdo; 7 = Totalmente de acuerdo):
CH1	1. El personal de la empresa posee los conocimientos y la cualificación necesaria para realizar su trabajo con eficiencia y eficacia.
CH2	2. El personal de la empresa posee experiencia laboral suficiente para realizar su trabajo con éxito.
CH3	3. Las personas que trabajan en la empresa poseen una buena capacidad de trabajo en equipo.
CH4	4. Las personas que trabajan en la organización poseen buenas dotes de comunicación, lo que les permite trasladar sus conocimientos, experiencias y descubrimientos a los demás con facilidad.
CH5	5. Las personas que trabajan en la empresa se adaptan fácilmente a las distintas exigencias que se les plantea.
CH6	6. El personal de la empresa es muy creativo.
Generación de nuevas ideas (reflectivo)	Tomando en cuenta los últimos 5 años, valore de 1 a 7 su grado de acuerdo o desacuerdo con las siguientes afirmaciones relativas a su empresa (1 = Totalmente en desacuerdo; 7 = Totalmente de acuerdo):
GNI1	1. Hemos identificado numerosas oportunidades para la innovación.
GNI2	2. De entre todas las oportunidades para la innovación identificadas, hemos sido capaces de discernir cuáles de ellas presentaban mayor potencial de desarrollo.
GNI3	3. El proceso de generación de nuevas ideas se ha gestionado de manera consciente y efectiva.

Constructos e indicadores	Preguntas
Gestión efectiva de los proyectos de innovación (reflectivo)	Tomando en cuenta los últimos 5 años, valore de 1 a 7 su grado de acuerdo o desacuerdo con las siguientes afirmaciones relativas a su empresa (1 = Totalmente en desacuerdo; 7 = Totalmente de acuerdo):
GEPI1	1. Los proyectos de innovación seleccionados han recibido una dotación de recursos (personas y dinero) suficiente.
GEPI2	2. La composición de los equipos de proyecto suele ser muy acertada.
GEPI3	3. En el desarrollo de los proyectos de innovación, las diferentes áreas de la empresa se encuentran perfectamente coordinadas.
GEPI4	4. La distribución de roles en los proyectos de innovación desarrollados en cooperación con otros agentes es la óptima
GEPI5	5. Los diferentes proyectos de innovación han estado adecuadamente coordinados entre sí.
GEPI6	6. Hemos sido capaces de reutilizar el conocimiento adquirido a partir de proyectos de innovación desarrollados en el pasado.
Uso eficiente de los recursos (reflectivo)	Tomando en cuenta los últimos 5 años, valore de 1 a 7 su grado de acuerdo o desacuerdo con las siguientes afirmaciones relativas a su empresa (1 = Totalmente en desacuerdo; 7 = Totalmente de acuerdo):
UER1	1. Los proyectos de innovación desarrollados se han culminado en los plazos previstos.
UER2	2. Las innovaciones puestas en marcha por la empresa lo han sido siempre en el momento apropiado.
UER3	3. Los proyectos de innovación desarrollados se han ajustado a los costes previstos.

4.3. Análisis Estadísticos

A efectos de testar las hipótesis formuladas en la investigación, hemos utilizado la modelización de ecuaciones estructurales basada en mínimos cuadrados parciales y el software PLS-Graph (Chin & Frye, 2003). La herramienta mencionada constituye una técnica estadística de análisis multivariante de segunda generación ampliamente utilizada en el ámbito de la investigación en Dirección de Empresas (Bontis, Booker & Serenko, 2007; Bontis & Serenko, 2007). Mediante un análisis único, sistemático e integrador permite valorar:

- La fiabilidad y validez del modelo de medida (primera etapa).
- La calidad del modelo estructural: es decir, la fortaleza de las hipótesis y la varianza explicada de las variables dependientes (segunda etapa).

La secuencia arriba indicada permite garantizar la calidad de los constructos y los indicadores que los componen antes de extraer conclusiones sobre las relaciones entre constructos (Barclay, Higgins & Thompson, 1995).

Por otra parte, atendiendo al grado de complejidad que presenta el modelo (esto es, teniendo en cuenta el número de variables explicativas que encontramos en la regresión múltiple más compleja que incluye el modelo y multiplicándolo por 10), el tamaño de muestra mínimo que se necesita en este caso es de 40 empresas (concretamente, la variable latente que tiene un mayor número de variables explicativas que le afectan en la Figura 1 es la relativa al uso eficiente de los recursos, con 4 variables que inciden sobre ella; en consecuencia, 4 x 10 = 40). Dado que nuestro tamaño de muestra es de 105 empresas, el umbral mínimo se supera con creces.

Finalmente, las hipótesis planteadas implican la necesidad de verificar varias relaciones de mediación entre variables latentes. De acuerdo con Baron y Kenny (1986), para que se acepte la existencia de un efecto mediador deben satisfacerse tres condiciones:

- En primer lugar, las variables independientes deben ejercer una influencia significativa sobre las variables dependientes en ausencia de las variables mediadoras.

- En segundo lugar, las variables independientes deben influir significativamente sobre las variables mediadoras.

- En tercer y último lugar, en el modelo completo (es decir, en aquel que incluye todas las variables), las variables mediadoras deben ejercer una influencia significativa sobre las variables dependientes. Si todas las condiciones se cumplen en la dirección prevista, entonces, el efecto de las variables independientes sobre las dependientes será menor que en el primer modelo (aquel en el que las variables mediadoras estaban excluidas). Si la influencia de las variables independientes sobre las dependientes continuara siendo significativa (aunque en menor medida que en el primer modelo), entonces, la mediación sería parcial. En cambio, si la relación dejara de ser significativa, en ese caso, la mediación sería total.

Como regla general, para testar la existencia de relaciones de mediación deben ejecutarse dos modelos: un primer modelo en el que se suprimen las variables mediadoras y se relacionan directamente las variables independientes con las variables dependientes (lo que permite verificar la primera condición), y un segundo modelo en el que se incluyen todas las variables, lo que hace posible contrastar la segunda y tercera condición.

Sin embargo, en nuestro caso particular, las hipótesis planteadas implican la existencia de dos conjuntos de relaciones de mediación en cascada: en primer lugar, debemos analizar el efecto mediador ejercido por el capital humano en la relación entre las distintas prácticas de gestión de recursos humanos estudiadas y las distintas dimensiones de la capacidad de innovación y, en segundo lugar, debemos comprobar el efecto mediador de la gestión efectiva de los proyectos de innovación (esto es, la segunda dimensión de la capacidad de innovación) en la relación entre las distintas prácticas de gestión de recursos humanos y el propio capital humano, por un lado, y el uso eficientes de los recursos (esto es, la tercera dimensión de la capacidad de innovación), por otro.

Ello requiere ejecutar tres modelos:

- En el primero de ellos (Figura 2), comprobaremos la relación existente entre las distintas prácticas de gestión de recursos humanos y las tres dimensiones de la capacidad de innovación en ausencia del capital humano. Esto nos permitirá comprobar la condición nº 1 correspondiente al primer grupo de relaciones de mediación y parte de la condición nº 1 del segundo grupo (la influencia directa de las prácticas de gestión de recursos humanos sobre el uso eficiente de los recursos).

- En el segundo modelo (Figura 3), se incluirá el primer conjunto de relaciones de mediación completo. Ello nos permitirá contrastar las condiciones 2 y 3 del primer bloque y la parte pendiente de la condición nº 1 del segundo grupo (la influencia directa del capital humano sobre el uso eficiente de los recursos), antes de incluir el vínculo entre gestión efectiva de proyectos de innovación y la tercera dimensión de la capacidad de innovación.

- En el tercer y último modelo o modelo completo (Figura 1), se incluirá la última relación de mediación y se comprobarán las condiciones 2 y 3 correspondientes a dicha relación.

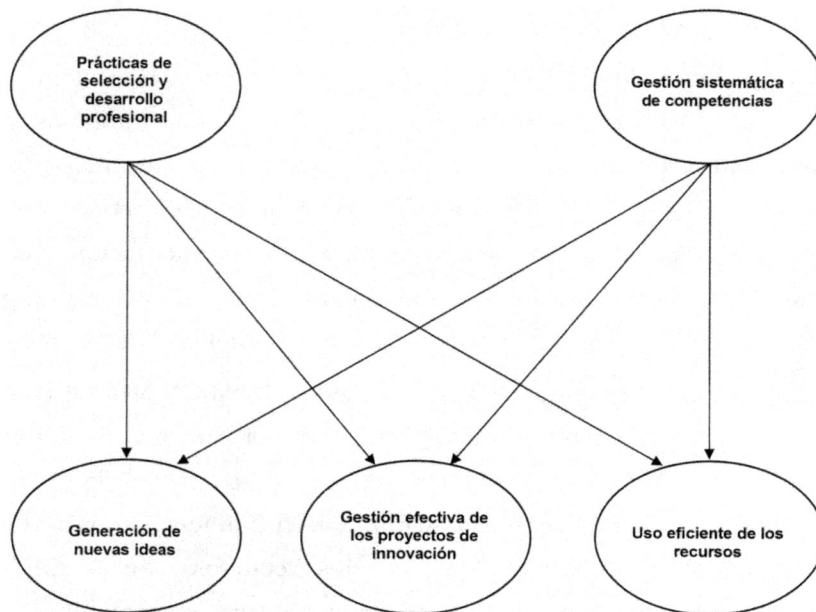

Figura 2. Gestión estratégica de recursos humanos, capital humano y capacidad de innovación – Modelo preliminar nº 1.

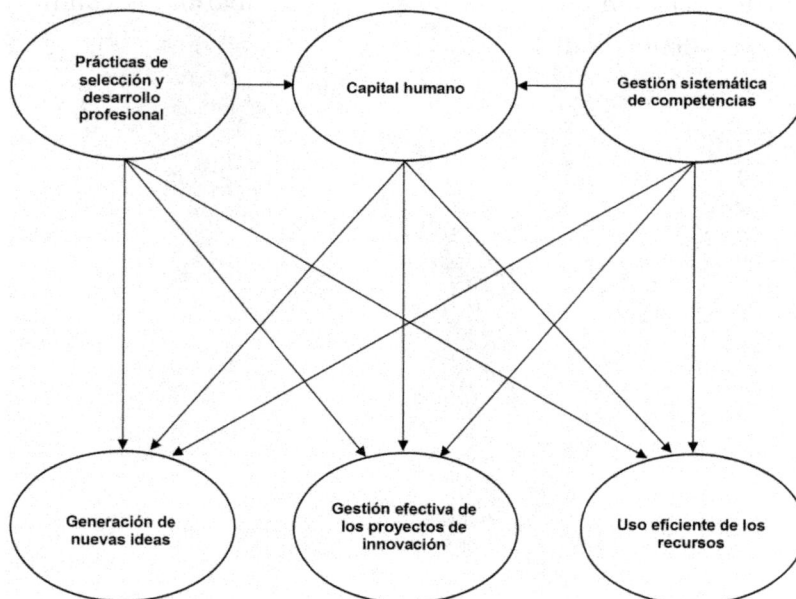

Figura 3. Gestión estratégica de recursos humanos, capital humano y capital relacional – Modelo preliminar nº 2.

5. Resultados de la Investigación

5.1. Evaluación del Modelo de Medida

Previamente a contrastar las hipótesis formuladas en la investigación, debemos proceder a evaluar la calidad del modelo de medida. Puesto que, en este caso, todos los constructos considerados revisten carácter reflectivo, deberemos comprobar la fiabilidad individual de cada ítem, la fiabilidad de cada constructo, su validez convergente y la validez discriminante. En las Tablas 2 y 3 podemos ver los resultados detallados de esta evaluación.

Tabla 2. Gestión estratégica de recursos humanos, capital humano y capacidad de innovación – Evaluación de los modelos de medida (primera parte).

Constructos e indicadores	Modelo 1	Modelo 2	Modelo 3
Prácticas de selección y desarrollo profesional (reflectivo)	$\rho_c = 0,878$ AVE $= 0,548$	$\rho_c = 0,879$ AVE $= 0,550$	$\rho_c = 0,879$ AVE $= 0,550$
	Cargas	Cargas	Cargas
PSDP1	0,8288	0,8166	0,8158
PSDP2	0,8322	0,8358	0,8360
PSDP3	0,7263	0,7287	0,7296
PSDP4	0,7680	0,7585	0,7576
PSDP5	0,6211	0,6301	0,6282
PSDP6	0,6389	0,6580	0,6597
Gestión sistemática de competencias (reflectivo)	$\rho_c = 0,873$ AVE $= 0,634$	$\rho_c = 0,873$ AVE $= 0,634$	$\rho_c = 0,873$ AVE $= 0,634$
	Cargas	Cargas	Cargas
GSC1	0,7015	0,7105	0,7121
GSC2	0,8602	0,8626	0,8630
GSC3	0,8019	0,7922	0,7914
GSC4	0,8128	0,8122	0,8113

Constructos e indicadores	Modelo 1	Modelo 2	Modelo 3
Capital humano (reflectivo)		$\rho_c = 0,883$ AVE = 0,557	$\rho_c = 0,883$ AVE = 0,557
		Cargas	Cargas
CH1		0,7782	0,7780
CH2		0,7896	0,7889
CH3		0,7642	0,7644
CH4		0,7535	0,7533
CH5		0,6734	0,6739
CH6		0,7117	0,7124
Generación de nuevas ideas (reflectivo)	$\rho_c = 0,858$ AVE = 0,672	$\rho_c = 0,857$ AVE = 0,670	$\rho_c = 0,857$ AVE = 0,670
	Cargas	Cargas	Cargas
GNI1	0,6829	0,6564	0,6564
GNI2	0,8940	0,8876	0,8877
GNI3	0,8655	0,8901	0,8901
Gestión efectiva de los proyectos de innovación (reflectivo)	$\rho_c = 0,914$ AVE = 0,641	$\rho_c = 0,914$ AVE = 0,640	$\rho_c = 0,914$ AVE = 0,641
	Cargas	Cargas	Cargas
GEPI1	0,6665	0,6688	0,6804
GEPI2	0,7298	0,7403	0,7386
GEPI3	0,8473	0,8430	0,8315
GEPI4	0,8609	0,8633	0,8674
GEPI5	0,8902	0,8893	0,8943
GEPI6	0,7847	0,7746	0,7693
Uso eficiente de los recursos (reflective)	$\rho_c = 0,869$ AVE = 0,690	$\rho_c = 0,873$ AVE = 0,697	$\rho_c = 0,875$ AVE = 0,700
	Cargas	Cargas	Cargas
UER1	0,8877	0,8741	0,8507
UER2	0,8390	0,8872	0,8835
UER3	0,6967	0,7347	0,7727

Notas: ρ_c: fiabilidad compuesta; AVE: varianza extraída media.

Tabla 3. Gestión estratégica de recursos humanos, capital humano y capacidad de innovación – Evaluación de los modelos de medida (segunda parte: validez discriminante).

	Prácticas de selección y desarrollo profesional (PSDP)	Gestión sistemática de competencias (GSC)	Capital humano (CH)	Generación de nuevas ideas (GNI)	Gestión efectiva de los proyectos de innovación (GEPI)	Uso eficiente de los recursos (UER)
Modelo 1						
PSDP	**0,740**					
GSC	0,282	**0,796**				
CH						
GNI	0,180	0,447		**0,820**		
GEPI	0,414	0,481		0,567	**0,801**	
UER	0,337	0,344		0,527	0,676	**0,831**
Modelo 2						
PSDP	**0,742**					
GSC	0,279	**0,796**				
CH	0,309	0,412	**0,746**			
GNI	0,177	0,447	0,419	**0,818**		
GEPI	0,405	0,481	0,519	0,574	**0,800**	
UER	0,327	0,337	0,480	0,527	0,680	**0,835**
Modelo 3						
PSDP	**0,742**					
GSC	0,279	**0,796**				
CH	0,309	0,412	**0,746**			
GNI	0,177	0,447	0,419	**0,819**		
GEPI	0,397	0,480	0,516	0,574	**0,801**	
UER	0,318	0,329	0,476	0,524	0,680	**0,837**

Notas: Los elementos de la diagonal (valores en negrita) constituyen la raíz cuadrada de la varianza extraída media de los constructos. En cambio, los valores que están fuera de la diagonal nos muestran las correlaciones entre constructos Para que la validez discriminante se considere apropiada, los valores de la diagonal deben ser mayores que los valores que están a su izquierda y/o por debajo.

Comenzando por la fiabilidad individual de cada ítem, una regla básica consiste en aceptar aquellos indicadores cuya carga es igual o superior a 0,707, lo que implica que la cantidad de varianza compartida entre el constructo y el indicador es superior al 50% y, en consecuencia, mayor que la varianza del error (Carmines & Zeller, 1979; Barclay et al., 1995). Tal y como puede verse en la Tabla 2, la inmensa mayoría de indicadores presenta cargas superiores a 0,707, con alguna que otra excepción. Tal es el caso de los indicadores PSDP5 (M1=0,6211; M2=0,6301; M3=0,6282), PSDP6 (M1=0,6389; M2=0,6580; M3=0,6597), CH5 (M2=0,6734; M3=0,6739), GNI1 (M1=0,6829; M2=0,6564; M3=0,6564), GEPI1 (M1=0,6665; M2=0,6688; M3=0,6804) y UER3 (M1=0,6967). Dado que, en todos los casos, las cargas son superiores a 0,6 y, por lo tanto, muy cercanas al valor objetivo de 0,707, se opta por mantener todos los indicadores propuestos.

La fiabilidad del constructo o consistencia interna se refiere al grado en que todos los indicadores que forman parte de él miden la misma variable latente. Para que esto sea así, todos los indicadores deben estar altamente correlacionados. El parámetro "fiabilidad compuesta" (ρ_c) nos permite verificar este hecho. Según Nunnally (1978), un valor de 0,8 sería indicativo de una buena fiabilidad. En nuestro caso, esto es así en todos los constructos, por lo que cabe decir que el modelo presenta una buena consistencia interna.

Para comprobar la validez convergente utilizamos la denominada "varianza extraída media" o *average variance extracted* (AVE). Este parámetro fue propuesto por Fornell y Larcker en 1981 y muestra la cantidad de varianza de la variable latente que se debe a sus indicadores, en comparación con la varianza que se debe al error de medida. Se recomienda que el valor sea superior a 0,5, lo que implica que el 50% o más de la varianza del constructo se debe a sus propios indicadores. En la Tabla 2 puede verse que esta condición se cumple en todos los casos.

Finalmente, la validez discriminante nos indica hasta qué punto un constructo difiere de los demás o, lo que es lo mismo, hasta qué punto los constructos del modelo miden cosas diferentes. Para que lo anterior sea cierto, un constructo debe compartir más varianza con sus indicadores que con otros constructos del modelo (Fornell & Larcker, 1981). En otras palabras, la varianza extraía media o AVE debe ser mayor que la varianza que el constructo comparte con otros constructos (esto es, mayor que la correlación al cuadrado entre constructos). Obtenida la matriz de correlaciones, resulta más rápido calcular la raíz cuadrada de las varianzas extraídas medias de los distintos constructos (lo que vendría a ser la diagonal de la matriz de correlaciones), que elevar al cuadrado las correlaciones entre constructos. Para que la validez discriminante sea satisfactoria, los valores de la diagonal de la matriz (esto es, las raíces cuadradas de las varianzas extraídas medias) deben ser mayores que los elementos que se encuentran en la misma fila y columna. Esto es precisamente lo que sucede en nuestro modelo (véase la Tabla 3).

5.2. Evaluación del modelo estructural

Una vez garantizada la calidad del modelo de medida, en el siguiente apartado procederemos a valorar el modelo estructural (es decir, la fortaleza de las hipótesis formuladas y la cantidad de varianza explicada en el caso de las variables endógenas). La Tabla 4 nos muestra los resultados obtenidos.

Comenzado por el primer modelo, vemos que, en líneas generales, tanto las prácticas de selección y desarrollo profesional como la gestión sistemática de competencias influyen de forma positiva y significativa en cada una de las tres dimensiones de la capacidad de innovación. Tan solo se produce una excepción: la influencia de las prácticas de selección y desarrollo profesional sobre la capacidad de generación de nuevas ideas no es relevante. Por lo tanto, desde este momento, cabe afirmar que el capital humano no mediará la relación entre dicho tipo de prácticas y la generación de nuevas ideas, ya que, la primera condición necesaria para ello (que la variable independiente afecte de forma significativa a la variable dependiente en ausencia de la variable mediadora) no se satisface. En consecuencia, la hipótesis H1ai se rechaza y, por el contario, las demás hipótesis de mediación permanecen abiertas.

Tabla 4. Gestión estratégica de recursos humanos, capital humano y capacidad de innovación –
Evaluación de los modelos estructurales.

Constructos endógenos		Constructos exógenos				Varianza total explicada (R²)	Modelo
		Prácticas de selección y desarrollo profes.	Gestión sistemática de competencias	Capital humano	Gestión efectiva de los proyectos de innovación		
Generación de nuevas ideas	Path	0,058	***0,431				
	Correlación	0,180	0,447				
	Contr. R²	1,04%	19,27%			20,31%	
Gestión efectiva de los PI	Path	**0,302	***0,396				1
	Correlación	0,414	0,481				
	Contr. R²	12,50%	19,05%			31,55%	
Uso eficiente de los rec.	Path	**0,261	*0,271				
	Correlación	0,337	0,344				
	Contr. R²	8,80%	9,32%			18,12%	
Capital humano	Path	*0,210	**0,354				
	Correlación	0,309	0,412				
	Contr. R²	6,49%	14,58%			21,07%	
Generación de nuevas ideas	Path	-0,003	***0,331	*0,283			
	Correlación	0,177	0,447	0,419			
	Contr. R²	-0,05%	14,80%	11,86%		26,60%	
Gestión efectiva de los PI	Path	*0,224	*0,280	**0,334			2
	Correlación	0,405	0,481	0,519			
	Contr. R²	9,07%	13,47%	17,33%		39,87%	
Uso eficiente de los rec.	Path	†0,175	0,136	**0,370			
	Correlación	0,327	0,337	0,480			
	Contr. R²	5,72%	4,58%	17,76%		28,07%	

Constructos endógenos		Constructos exógenos				Varianza total explicada (R^2)	Modelo
		Prácticas de selección y desarrollo profes.	Gestión sistemática de competencias	Capital humano	Gestión efectiva de los proyectos de innovación		
Capital humano	Path	*0,211	**0,353				
	Correlación	0,309	0,412				
	Contr. R^2	6,52%	14,54%			21,06%	
Generación de nuevas ideas	Path	-0,003	***0,331	*0,283			
	Correlación	0,177	0,447	0,419			
	Contr. R^2	-0,05%	14,80%	11,86%		26,60%	3
Gestión efectiva de los PI	Path	*0,215	*0,282	**0,333			
	Correlación	0,397	0,480	0,516			
	Contr. R^2	8,54%	13,54%	17,18%		39,25%	
Uso eficiente de los rec.	Path	0,040	-0,038	0,173	***0,593		
	Correlación	0,318	0,329	0,476	0,680		
	Contr. R^2	1,27%	-1,25%	8,23%	40,32%	48,58%	

Notas: ***$p<0,001$, **$p<0,01$, *$p<0,05$, †$p<0,1$ (test de una cola para t_{499}).

Por otro lado, cabe señalar que, en este primer modelo, la cantidad de varianza explicada en cada una de las tres dimensiones de la capacidad de innovación (generación de nuevas ideas, gestión efectiva de los proyectos de innovación y uso eficiente de los recursos) alcanza las cifras del 20%, 32% y 18%, respectivamente. Además, los datos de la Tabla 4 nos muestran que, en los tres casos, la contribución de la gestión sistemática de competencias a la varianza explicada es mayor que la realizada por las prácticas de selección y desarrollo profesional.

En el modelo 2 (esto es, en aquel que introduce el capital humano como variable mediadora), observamos que tanto las prácticas de selección y desarrollo profesional como la gestión sistemática de competencias influyen de forma positiva y significativa sobre el capital humano (cantidad de varianza explicada: 21%). Por lo tanto, la segunda condición necesaria para que el capital humano medie la relación entre las distintas prácticas de gestión de recursos humanos y las tres dimensiones de la capacidad de innovación (esto es, que las variables independientes afecten de forma significativa a la variable mediadora) se satisface. No obstante, recordemos que, en el caso particular de las prácticas de selección y desarrollo profesional y la generación de nuevas ideas, la mediación ya había sido descartada en el paso anterior.

Por otra parte, el capital humano afecta de manera significativa a cada una de las tres dimensiones de la capacidad de innovación, por lo que la tercera condición necesaria para que este constructo medie la relación entre las distintas prácticas de gestión de recursos humanos y las tres dimensiones de la capacidad de innovación (que la variable mediadora afecte de forma significativa a las variables dependientes) también se satisface. En consecuencia, las hipótesis H1aii, H1aiii, H1bi, H1bii y H1biii se aceptan (recordemos que la hipótesis H1ai había sido ya rechazada en el modelo 1).

Dado que, al incluir el capital humano, el coeficiente *path* que une las prácticas de selección y desarrollo profesional con la gestión efectiva de proyectos de innovación y el uso eficiente de los recursos continúa siendo significativo, aunque más pequeño, el tipo de mediación existente es parcial. Esto es, las prácticas de selección y desarrollo profesional inciden sobre la gestión efectiva de los proyectos de innovación y el uso eficiente de los recursos, en parte, a través de la influencia que ejercen sobre el capital humano y, en parte, de forma directa.

En el caso de la gestión sistemática de competencias, al incluir el capital humano en el modelo, los coeficientes *path* que unen dicha práctica de gestión con la generación de nuevas ideas y la gestión efectiva de los proyectos de innovación continúan siendo significativos, aunque más pequeños, pero no así el coeficiente que une dicha práctica con el uso eficiente de los recursos (en este caso, el coeficiente *path* deja de ser significativo). Por lo tanto, en los dos primeros casos la mediación es parcial, mientras que, en el tercero, la mediación es total (es decir, en este caso, la influencia de la gestión sistemática de competencias sobre el uso eficiente de los recursos únicamente tiene lugar a través del efecto que dicha gestión ejerce sobre el capital humano).

Por otro lado, nótese que al incluir el capital humano como variable mediadora, la cantidad de varianza explicada en las tres dimensiones de la capacidad de innovación aumenta: en el caso de la generación de nuevas ideas pasa del 20% al 27%, en la gestión efectiva de proyectos de innovación del 32% al 39% y en el uso eficiente de los recursos del 18% al 28%.

Pasando a la segunda hipótesis de mediación (la que considera el efecto mediador de la gestión efectiva de los proyectos de innovación en la relación entre las prácticas de gestión de recursos humanos, el capital humano y el uso eficiente de los recursos), en el modelo 1, observábamos que tanto las prácticas de selección y desarrollo profesional como la gestión sistemática de competencias afectaban de forma directa y significativa a esta última dimensión de la capacidad de innovación, mientras que, en el modelo 2, hemos comprobado también la relación directa y significativa del capital humano con dicha dimensión. Por lo tanto, la primera condición necesaria para que podamos hablar de la existencia de una relación de mediación (que las variables independientes afecten de forma significativa a la variable dependiente en ausencia de la variable mediadora) se satisface.

En lo relativo a la segunda condición (que las variables independientes afecten de forma significativa a la variable mediadora), tanto en el modelo 2 como en el modelo 3 podemos observar este hecho: en ambos casos, las prácticas de selección y desarrollo profesional, la gestión sistemática de competencias y el capital humano inciden de forma directa y significativa sobre la gestión efectiva de los proyectos de innovación. En consecuencia, la segunda condición necesaria para la existencia de una relación de mediación también se satisface.

Finalmente, cuando en el modelo 3 añadimos el rol mediador de la gestión efectiva de los proyectos de innovación, observamos que dicha dimensión de la capacidad de innovación incide de modo muy significativo sobre el uso eficiente de los recursos, por lo que la tercera condición necesaria para que podamos decir que existe un efecto mediador también se satisface con creces. Por lo tanto, a la vista de estos resultados, la hipótesis H2 se acepta al completo. Además, como al añadir esta relación de mediación todas las demás variables dejan de incidir de manera significativa sobre el uso eficiente de los recursos, la mediación es total. Asimismo, nótese que con la nueva relación de mediación, la cantidad de varianza explicada del constructo "uso eficiente de los recursos" aumenta del 28% en el modelo 2, al 49% en el modelo 3, lo que da idea de la magnitud del efecto mediador.

La Tabla 5 sintetiza el análisis de todos los efectos mediadores.

Tabla 5. Gestión estratégica de recursos humanos, capital humano y capacidad de innovación – Verificación de las condiciones de mediación (1 de 2).

Código	Hipótesis	Condición 1 La VI afecta significativamente a la VD en ausencia de la VM	Condición 2 La VI afecta significativamente a la VM	Condición 3 La VM afecta significativamente a la VD	Mediación	La VI afecta significativamente a la VD en presencia de la VM	Tipo de mediación
H1ai	El capital humano media la relación entre la gestión estratégica de recursos humanos (prácticas de selección y desarrollo profesional) y la generación de nuevas ideas	No (Modelo 1)	Sí (Modelo 2)	Sí (Modelo 2)	No	NA	NA

Código	Hipótesis	Condición 1 La VI afecta significativamente a la VD en ausencia de la VM	Condición 2 La VI afecta significativamente a la VM	Condición 3 La VM afecta significativamente a la VD	Mediación	La VI afecta significativamente a la VD en presencia de la VM	Tipo de mediación
H1aii	El capital humano media la relación entre la gestión estratégica de recursos humanos (prácticas de selección y desarrollo profesional) y la gestión efectiva de los proyectos de innovación	Sí (Modelo 1)	Sí (Modelo 2)	Sí (Modelo 2)	Sí	Sí (Modelo 2)	Parcial
H1aiii	El capital humano media la relación entre la gestión estratégica de recursos humanos (prácticas de selección y desarrollo profesional) y el uso eficiente de los recursos	Sí (Modelo 1)	Sí (Modelo 2)	Sí (Modelo 2)	Sí	Sí (Modelo 2)	Parcial
H1bi	El capital humano media la relación entre la gestión estratégica de recursos humanos (gestión sistemática de competencias) y la generación de nuevas ideas	Sí (Modelo 1)	Sí (Modelo 2)	Sí (Modelo 2)	Sí	Sí (Modelo 2)	Parcial

Código	Hipótesis	Condición 1 La VI afecta significativamente a la VD en ausencia de la VM	Condición 2 La VI afecta significativamente a la VM	Condición 3 La VM afecta significativamente a la VD	Mediación	La VI afecta significativamente a la VD en presencia de la VM	Tipo de mediación
H1bii	El capital humano media la relación entre la gestión estratégica de recursos humanos (gestión sistemática de competencias) y la gestión efectiva de los proyectos de innovación	Sí (Modelo 1)	Sí (Modelo 2)	Sí (Modelo 2)	Sí	Sí (Modelo 2)	Parcial
H1biii	El capital humano media la relación entre la gestión estratégica de recursos humanos (gestión sistemática de competencias) y el uso eficiente de los recursos	Sí (Modelo 1)	Sí (Modelo 2)	Sí (Modelo 2)	Sí	No (Modelo 2)	Total
H2a	La gestión efectiva de los proyectos de innovación media la relación entre la gestión estratégica de recursos humanos (prácticas de selección y desarrollo profesional) y el uso eficiente de los recursos	Sí (Modelo 1)	Sí (Modelo 3)	Sí (Modelo 3)	Sí	No (Modelo 3)	Total

Políticas de Selección y Desarrollo Profesional, Gestión Sistemática de Competencias, Capital Humano y Capacidad de Innovación. Un Estudio en las Empresas Uruguayas de Software

Código	Hipótesis	Condición 1 La VI afecta significativamente a la VD en ausencia de la VM	Condición 2 La VI afecta significativamente a la VM	Condición 3 La VM afecta significativamente a la VD	Mediación	La VI afecta significativamente a la VD en presencia de la VM	Tipo de mediación
H2b	La gestión efectiva de los proyectos de innovación media la relación entre la gestión estratégica de recursos humanos (gestión sistemática de competencias) y el uso eficiente de los recursos	Sí (Modelo 1)	Sí (Modelo 3)	Sí (Modelo 3)	Sí	No (Modelo 3)	Total
H2c	La gestión efectiva de los proyectos de innovación media la relación entre el capital humano y el uso eficiente de los recursos	Sí (Modelo 2)	Sí (Modelo 3)	Sí (Modelo 3)	Sí	No (Modelo 3)	Total

Notas: VI: variable independiente; VM: variable mediadora; VD: variable dependiente; NA: no aplicable.

6. Discusión y Conclusiones

La investigación llevada a cabo pone de manifiesto la relevancia del capital humano y de su gestión con un enfoque estratégico (en concreto de las prácticas de selección y desarrollo profesional y de la gestión sistemática de competencias) a la hora de promover cada una de las dimensiones que configuran la capacidad de innovación en la empresa.

Por una parte, el estudio realizado contribuye a la literatura en materia de gestión estratégica de recursos humanos, siendo uno de los pocos estudios que adopta claramente un enfoque basado en los recursos y capacidades (Wright et al., 1994; Briggs & Keogh, 1999; Torrington et al., 2014) a la hora de analizar el vínculo existente entre gestión estratégica de recursos humanos e innovación. De acuerdo con este enfoque, la clave radica en promover ventajas competitivas duraderas a través del desarrollo del capital humano. Los resultados obtenidos corroboran claramente esta afirmación. Por lo tanto, las prácticas de gestión de recursos humanos deben estar orientadas a promover el tipo de conocimiento, competencias y actitudes necesarios para alentar la innovación (elemento crítico de competitividad en el contexto actual: Bessant & Tidd, 2007; Von Stam, 2008; Schilling, 2011), en lugar de centrarse únicamente en la promoción de los comportamientos más adecuados.

Asimismo, la investigación llevada a cabo constituye una aportación relevante para el ámbito del capital intelectual, pues apenas existe estudio alguno que introduzca los componentes dinámicos de éste (en nuestro caso, la gestión estratégica de recursos humanos) en el análisis. Salvo raras excepciones (López-Cabrales et al., 2009; De Winne & Sels, 2010; Cabello-Medina et al., 2011; Jiang et al. 2012; Wang & Chen, 2013), la mayor parte de estudios considera únicamente los componentes estáticos del capital intelectual cuando se trata analizar su incidencia sobre el desempeño innovador, o sobre el desempeño de la organización en su conjunto (desempeño financiero). El estudio realizado, en cambio, corrobora la pertinencia de considerar también los componentes dinámicos. De este modo, dando la vuelta en cierto modo al argumento expuesto en el párrafo anterior, el hecho de disponer de recursos valiosos, escasos y difícilmente imitables tampoco es suficiente: se necesita contar también con un conjunto de políticas y prácticas organizadas que permitan extraer el máximo partido de los recursos disponibles (Barney & Clark, 2007).

Por lo tanto, el estudio presentado constituye un claro puente de unión entre la literatura en el ámbito de la gestión estratégica de recursos humanos y la literatura en el ámbito del capital intelectual. En el primer caso, aporta la incorporación del capital humano como tal a la hora de analizar la relación entre políticas y prácticas de gestión de recursos humanos y desempeño empresarial (innovación), mientras que, en el segundo, aporta la incorporación de las tales políticas y prácticas a la hora de considerar la incidencia del capital humano en la innovación.

Por otra parte, desde un punto de vista práctico, el hecho de ahondar en la capacidad de innovación *per se*, en lugar de hacerlo en los outputs o resultados obtenidos a partir de la misma (como ya hicieran por ejemplo Sáenz et al., 2009, 2010), permite conocer los aspectos más relevantes a trabajar en cada caso. En particular, dentro de la capacidad de innovación, distinguimos entre la generación de nuevas ideas y la implantación de las mismas, que comprende a su vez otros dos apartados: la gestión efectiva de los proyectos de innovación y el uso eficiente de los recursos. Como hemos visto, para que esto último sea posible (es decir, para que los recursos sean aprovechados de modo eficiente), la gestión efectiva de los proyectos de innovación es crítica (esto es, que los proyectos reciban una dotación suficiente de recursos, que la composición de los equipos sea la adecuada, que las distintas unidades organizativas y demás agentes intervinientes estén bien coordinados, que lo estén también los propios proyectos entre sí y que sea posible reutilizar y aprovechar el conocimiento previamente existente).

Además, según hemos podido ver, la calidad del capital humano (su cualificación, experiencia y habilidades sociales y emprendedoras) afecta de manera significativa a cada una de las dimensiones de la capacidad de innovación (y de manera especial a las que tienen que ver con la implantación de las nuevas ideas). Esto reafirma su relevancia como pilar fundamental de la innovación (Boxall, 1996; Teece et al., 1997; Barney & Wright, 1998; Argote & Ingram, 2000; Laursen 2002; Alegre et al., 2006; Cabello-Medina et al., 2011) y la necesidad de promover su adecuada selección y continuo desarrollo.

En particular, el nivel de formación y cualificación de los trabajadores contribuye a mejorar su comprensión de aquello que conocen (Smith, Collins & Clark, 2005; De Winne & Sels, 2010) y su receptividad a nuevas ideas (Hambrick & Mason, 1984). Además, dado el mayor grado de complejidad que reviste el conocimiento en empresas de alta tecnología (Schilling, 2011), ello acentúa la necesidad de contar con trabajadores con un grado de cualificación elevado. Asimismo, la experiencia previa constituye un factor determinante a la hora de identificar nuevas oportunidades (Hills & Shrader, 1998; Shane, 2000; De Winne & Sels, 2010), por lo que he aquí otro factor relevante a tener en cuenta. Igualmente, dado que para la creación de nuevo conocimiento (y, por lo tanto, para innovar), la interacción e intercambio de conocimiento y experiencias entre individuos es clave (Nonaka & Takeuchi, 1995; Nonaka et al., 2006) y que dicha necesidad se ve acentuada cuanto más tácito sea el conocimiento subyacente (cosa que sucede en mayor grado en las empresas de alta tecnología: Nelson & Wright, 1992; Rosenbloom, 2010), el dominio de habilidades sociales (como trabajo en equipo y capacidad de comunicación) resulta especialmente importante (Swart & Kinnie, 2003; Cabello-Medina et al., 2011). Finalmente, dada la rápida renovación de conocimientos que caracteriza a los sectores intensivos en tecnología (INE, 2015), las habilidades emprendedoras (creatividad, adaptación al cambio) necesitan estar particularmente desarrolladas.

Por otro lado, el estudio realizado corrobora la relevancia de las políticas y prácticas de selección y desarrollo profesional a la hora de permitir contar con el capital humano adecuado y contribuir a una buena implantación de los proyectos de innovación. A través de las políticas y prácticas de selección, se establece el tipo de conocimiento (en términos de área o disciplina) y capacidades incorporado a la organización (De Winne & Sels, 2010), lo que determina las posibilidades de innovación (Jiang et al., 2012). Asimismo, las políticas y prácticas orientadas al desarrollo profesional permiten llevar a cabo el ajuste entre los conocimientos y capacidades actuales, y los requeridos en el futuro (De Winne & Sels, 2010), lo que mejora el capital humano (Cabello-Medina et al., 2011). Además, tal y como señala Mumford (2000), el trabajo creativo requiere una progresiva adquisición de habilidades y pericia, por lo que la formación puede contribuir a reforzar el tipo de conocimiento y habilidades necesarios para promover los procesos de pensamiento creativo (Lau y Ngo, 2004; Jiang et al., 2012).

No obstante, es el hecho de llevar a cabo una gestión sistemática de las competencias de la organización (esto es, el hecho de contar con una visión clara sobre el tipo de conocimiento y competencias que son más relevantes para alcanzar los objetivos, y con una estrategia explícita que permita su desarrollo, junto con una evaluación sistemática del capital intelectual) lo que se revela como el aspecto más importante, tanto para promover la calidad del capital humano, como las distintas dimensiones de la capacidad de innovación. En su artículo seminal de 1990, Prahalad y Hamel ya subrayaban la importancia de definir la identidad y ventaja competitiva de las organizaciones en términos de sus competencias nucleares. En esta línea, Pasher y Ronen (2011) subrayan la importancia de gestionar el conocimiento de manera "estratégica". Frente a la propuesta de prácticas *ad hoc* para la gestión del conocimiento, los citados autores defienden la necesidad de articular las mismas en torno a una "visión de conocimiento", lo que significa que las empresas deben definir primero aquello que necesitan saber y después la manera de desarrollar dicho conocimiento. Por lo tanto, el estudio realizado corrobora la necesidad de una estrategia de conocimiento y una gestión sistemática de las competencias de la organización.

Pasando al apartado de limitaciones, el carácter transversal del estudio realizado sería la primera limitación a tener en cuenta. En principio, sería deseable que el nivel de desempeño alcanzado en cada una de las dimensiones de la capacidad de innovación se midiera en un momento posterior respecto a la medición de las políticas y prácticas de selección y desarrollo profesional, y la aplicación de una gestión sistemática de competencias, ya que, se necesita un tiempo antes de que tales políticas den sus frutos y se traduzcan en un capital humano más competente y una capacidad de innovación mejorada. Por otro lado, la recopilación de la información referente a todas y cada una de las variables de la investigación (tanto dependientes como independientes) a partir de un único informador clave en cada organización constituye una segunda limitación a tener en cuenta. Sin embargo, las pruebas estadísticas realizadas con posterioridad revelan que el sesgo atribuible al denominado "método común" no constituye un contaminante probable de los resultados obtenidos.

Para terminar, exponemos posibles líneas de investigación futura a partir del trabajo ahora presentado. Una primera posibilidad consistiría en extender el estudio realizado a empresas de baja tecnología, con el fin de comprobar si la gestión estratégica de recursos humanos y el propio capital humano revisten la misma importancia que en las empresas de alta tecnología (como es el caso de las empresas de software) a la hora de promover la excelencia en cada una de las dimensiones de la capacidad de innovación. Otra posibilidad consistiría en incluir otros componentes del capital intelectual (no solo el capital humano) como variables mediadoras entre la gestión estratégica de recursos humanos y la capacidad de innovación, a lo que podría añadirse la inclusión de la tercera dimensión de la capacidad de innovación no abordada en la presente investigación: la capacidad de la empresa para reinventarse a sí misma y no morir de éxito o, lo que es lo mismo, la capacidad de transformación empresarial.

Referencias

Abell, A., & Oxbrow, N. (2001). *Competing with Knowledge: The Information Professional in the Knowledge Management Age.* London: Library Association Publishing.

Alegre, J., Lapiedra, R., & Chiva, R. (2006). A Measurement Scale for Product Innovation Performance. *European Journal of Innovation Management*, 9(4), 333-346.
http://dx.doi.org/10.1108/14601060610707812

Argote, L., & Ingram, P. (2000). Knowledge Transfer: A Basis for Competitive Advantage in Firms. *Organizational Behavior & Human Decision Processes, 82*(1), 150-169.

http://dx.doi.org/10.1006/obhd.2000.2893

Barclay, D., Higgins, C., & Thompson, R. (1995), The Partial Least Squares (PLS) Approach to Causal Modeling: Personal Computer Adoption and Use as an Illustration. *Technological Studies, special issue on Research Methodology,* 2, 285-309.

Baron, R.M., & Kenny, D.A. (1986), The Moderator-Mediator Variable Distinction in Social Psychological Research: Conceptual, Strategic, and Statistical Considerations. *Journal of Personality and Social Psychology, 51*(6), 1173-1182.

http://dx.doi.org/10.1037/0022-3514.51.6.1173

Barney, J.B. (1991). Firm Resources and Sustained Competitive Advantage. *Strategic Management Journal, 17*(1), 99-120.

http://dx.doi.org/10.1177/014920639101700108

Barney, J.B., & Clark, D.N. (2007). *Resource-based Theory – Creating and Sustaining Competitive Advantage.* Oxford, NY: Oxford University Press.

Barney, J.B., & Wright, P.M. (1998). On Becoming a Strategic Player: The Role of Human Resources in Gaining Competitive Advantage. *Human Resource Management, 37*(1), 31-46.

http://dx.doi.org/10.1002/(SICI)1099-050X(199821)37:1<31::AID-HRM4>3.0.CO;2-W

Bessant, J., & Tidd, J. (2007). *Innovation and Entrepreneurship.* West Sussex, UK: John Wiley & Sons, Chichester.

Beugelsdijk, S. (2008). Strategic Human Resource Practices and Product Innovation. *Organization Studies, 29*(6), 821-847.

http://dx.doi.org/10.1177/0170840608090530

Bontis, N. (1998). Intellectual Capital: An Exploratory Study that Develops Measures and Models. *Management Decision, 36*(2), 63-76.

http://dx.doi.org/10.1108/00251749810204142

Bontis, N. (1999). Managing Organizational Knowledge by Diagnosing Intellectual Capital: Framing and Advancing the State of the Field. *International Journal of Technology Management, 18*(5-8), 433-462.

http://dx.doi.org/10.1504/IJTM.1999.002780

Bontis, N., Booker, L., & Serenko, A. (2007). The Mediating Effect of Organizational Reputation on Customer Loyalty and Service Recommendation in the Banking Industry. *Management Decision, 45*(9), 1426-1445.

http://dx.doi.org/10.1108/00251740710828681

Bontis, N., & Serenko, A. (2007). The Moderating Role of Human Capital Management Practices on Employee Capabilities. *Journal of Knowledge Management,* 11(3), 31-51.

http://dx.doi.org/10.1108/13673270710752090

Boxall, P.F. (1996). The Strategic HRM Debate and the Resource-based View of the Firm. *Human Resource Management Journal,* 6(3), 59-75.

http://dx.doi.org/10.1111/j.1748-8583.1996.tb00412.x

Boxall, P., & Macky, K. (2009). Research and Theory of High-Performance Work Systems: Progressing the High-Involvement Stream. H*uman Resource Management Journal,* 19(1), 3-23.

http://dx.doi.org/10.1111/j.1748-8583.2008.00082.x

Boyatzis, R. (2008). Guest Editorial: Competencies in the 21st Century. *Journal of Management Development,* 27(1), 5-12.

http://dx.doi.org/10.1108/02621710810840730

Briggs, S., & Keogh, W. (1999). Integrating Human Resource Strategy and Strategic Planning to Achieve Business Excellence. *Total Quality Management,* July, 447.

http://dx.doi.org/10.1080/0954412997398

Bueno, E., Del Real, H., Fernández, P., Longo, M., Merino, C., Murcia, C. et al. (2011). *Modelo Intellectus de Medición, Gestión e Información del Capital Intelectual* (nueva versión actualizada). IADE, Universidad Autónoma de Madrid, Madrid.

Butler, J. (1988). Human Resource Management as a Driving Force in Business Strategy. *Journal of General Management,* 13(4), 88-102.

Cabello-Medina, C., López-Cabrales, A., & Valle-Cabrera, R. (2011). Leveraging the Innovative Performance of Human Capital through HRM and Social Capital in Spanish Firms. *International Journal of Human Resource Management,* 22(4), 807-828.

http://dx.doi.org/10.1080/09585192.2011.555125

Carmines, E.G., & Zeller, R.A. (1979). *Reliability and Validity Assessment.* Paper Series on Quantitative Applications in the Social Sciences, 07-017. Beverly Hills, CA: Sage.

http://dx.doi.org/10.4135/9781412985642

Carmona-Lavado, A., Cuevas-Rodríguez, G., & Cabello-Medina, C. (2013). Service Innovativeness and Innovation Success in Technology-Based Knowledge-Intensive Business Services: An Intellectual Capital Approach. *Industry and Innovation,* 20(2), 133-156.

http://dx.doi.org/10.1080/13662716.2013.771482

Chen, J.A., Zhao, X.B., & Wang, Y.C. (2015). A New Measurement of Intellectual Capital and its Impact on Innovation Performance in an Open Innovation Paradigm. *International Journal of Technology Management,* 67(1), 1-25.

http://dx.doi.org/10.1504/IJTM.2015.065885

Chin, W.W., & Frye, T. (2003). *PLS-Graph Version 3.00. Build 1017.* University of Houston, Texas.

De Winne, S., & Sels, L. (2010). Interrelationships between Human Capital, HRM and Innovation in Belgian Start-ups Aiming at an Innovation Strategy. *International Journal of Human Resource Management, 21*(11), 1863-1883.
http://dx.doi.org/10.1080/09585192.2010.505088

Doorewaard, H., & Meihuizen, H. (2000). Strategic Performance Options in Professional Service Organizations. *Human Resource Management Journal, 10*(2), 39-57.
http://dx.doi.org/10.1111/j.1748-8583.2000.tb00019.x

Edvinsson, L., & Malone, M. (1997). *Intellectual Capital: Realising your Company's true Value by Finding its Hidden Brainpower.* New York, NY: Harper Collins.

Fornell, C., & Larcker, D.F. (1981). Evaluating Structural Equation Models with Unobservable Variables and Measurement Error. *Journal of Marketing Research, 18*, 39-50.
http://dx.doi.org/10.2307/3151312

Gil-Marqués, M., & Moreno-Luzón, M. (2013). Driving Human Resources towards Quality and Innovation in Highly Competitive Environment. *International Journal of Manpower, 34*(8), 839-860.
http://dx.doi.org/10.1108/IJM-07-2013-0183

Grant, R.M. (1996). Toward a Knowledge-based Theory of the Firm. *Strategic Management Journal, 17*, winter special issue, 109-122.

Grant, R.M. (2008). *Contemporary Strategy Analysis.* 6th edition. Oxford, UK: Blackwell Publishing Ltd.

Hambrick, D.C., & Mason, P.A. (1984). Upper Echelons: The Organization as a Reflection of its Top Managers. *Academy of Management Review, 9*(2), 193-206.
http://dx.doi.org/10.2307/258434

Helfat, E., Finkelstein, S., Mitchell, W., Peteraf, M.A., Singh, H., Teece et al. (2007). *Dynamic Capabilities: Understanding Strategic Change in Organizations.* Malden, MA: Blackwell Publishing.

Hills, G.E., & Shrader, R.C. (1998). *Successful Entrepreneurs' Insights into Opportunity Recognition.* Frontiers of Entrepreneurship Research. Wellesley, MA: Babson College.

Huselid, M. (1995). The Impact of Human Resource Management Practices on Turnover, Productivity and Corporate Financial Performance. *Academy of Management Journal, 38*(3), 635-673.
http://dx.doi.org/10.2307/256741

INE (2015). *Indicadores del Sector de Alta Tecnología – Año 2013 – Resultados Definitivos.* Notas de Prensa. Instituto Nacional de Estadística, 25 de febrero.

Jiang, J., Wang, S., & Zhao, S. (2012). Does HRM Facilitate Employee Creativity and Organizational Innovation? A Study of Chinese Firms. *International Journal of Human Resource Management,* 23(19), 4025-4047.

http://dx.doi.org/10.1080/09585192.2012.690567

Jiménez-Jiménez, D., & Sanz-Valle, R. (2005). Innovation and Human Resource Management Fit: An Empirical Study. *International Journal of Manpower,* 26(4), 364-381.

http://dx.doi.org/10.1108/01437720510609555

Jones, G. (2013). *Organizational Theory, Design, and Change.* Seventh edition, Harlow, Essex, England: Pearson.

Kianto, A. (2007). What do We Really Mean by the Dynamic Dimension of Intellectual Capital? *International Journal of Learning and Intellectual Capital,* 4(4), 342-356.

http://dx.doi.org/10.1504/IJLIC.2007.016332

Kianto, A., Hurmelinna-Laukkanen, P., & Ritala, P. (2010). Intellectual Capital in Service- and Product-Oriented Companies. *Journal of Intellectual Capital,* 11(3), 305-325.

http://dx.doi.org/10.1108/14691931011064563

Kogut, B., & Zander, U. (1992). Knowledge of the Firm, Combinative Capabilities, and the Replication of Technology. *Organization Science,* 3(3), 383-397.

http://dx.doi.org/10.1287/orsc.3.3.383

Lau, C.M., & Ngo, H.Y. (2004). The HR System, Organizational Culture and Product Innovation. International Business Review, 13(6), 685-703.

http://dx.doi.org/10.1016/j.ibusrev.2004.08.001

Laursen, K. (2002). The Importance of Sectoral Differences in the Application of Complementary HRM Practices for Innovation Performance. *International Journal of the Economics of Business,* 9(1), 139-156.

http://dx.doi.org/10.1080/13571510110103029

Laursen, K., & Foss, N.J. (2003). New Human Resource Management Practices, Complementarities and the Impact on Innovation Performance. *Cambridge Journal of Economics,* 27, 243-263.

http://dx.doi.org/10.1093/cje/27.2.243

Leitner, K.H. (2011). The Effect of Intellectual Capital on Product Innovativeness in SMEs. *International Journal of Technology Management,* 53(1), 1-18.

http://dx.doi.org/10.1504/IJTM.2011.037235

Lengnick-Hall, M., & Lengnick-Hall, C. (2003). H*uman Resource Management in the Knowledge Economy.* San Francisco, CA: Berrett-Koehler.

Lepak, D.P., & Snell, S.A. (2002). Examining the Human Resource Architecture: The Relationships among Human Capital, Employment and Human Resource Configuration. *Journal of Management,* 28(4), 517-543.

http://dx.doi.org/10.1016/S0149-2063(02)00142-3

Li, Y., Zhao, U., & Liu, Y. (2006). The Relationship between HRM, Technology Innovation and Performance in China. *International Journal of Manpower,* 27(7), 679-697.

http://dx.doi.org/10.1108/01437720610708284

López-Cabrales, A., Pérez-Luño, A., & Valle-Cabrera, R. (2009). Knowledge as a Mediator between HRM practices and Innovation Activity. *Human Resource Management,* 48(4), 485-503.

http://dx.doi.org/10.1002/hrm.20295

Marr, B. (2006). *Strategic Performance Management – Leveraging and Measuring your Intangible Value Drivers.* Oxford, UK: Butterworth-Heinemann.

Martín de Castro, G., Delgado-Verde, M., Amores Salvadó, J., & Navas-López, J.E. (2013). Linking Human, Technological and Relational Assets to Technological Innovation: Exploring a New Approach. *Knowledge Management Research and Practice,* 11, 123-132.

Martín de Castro, G., Alama-Salazar, E.M., Navas-López, J.E., & López-Sáez, P. (2009). El Papel del Capital Intelectual en la Innovación Tecnológica: Una Aplicación a las Empresas de Servicios Profesionales en España. *Cuadernos de Economía y Dirección de Empresas,* 40, 83-109.

Meritum Project (2002). *Guidelines for Managing and Reporting on Intangibles.* Fundación Airtel Móvil, Madrid, España.

Miles, J.G. (2011). *Análisis del Capital Intelectual de las Pequeñas y Medianas Empresas Uruguayas y su Impacto en los Resultados: Un Estudio en las Empresas Desarrolladoras de Software.* Tesis doctoral, Universidad de Deusto, San Sebastián, España.

Mumford, M.D. (2000). Managing Creative People: Strategies and Tactics for Innovation. *Human Resource Management Review,* 10(3), 313-351.

http://dx.doi.org/10.1016/S1053-4822(99)00043-1

Nahapiet, J., & Ghoshal, S. (1998). Social Capital, Intellectual Capital, and the Organizational Advantage. *Academy of Management Review,* 23(2), 242-266.

http://dx.doi.org/10.2307/259373

Nelson, R.N., & Wright, G. (1992). The Rise and Fall of American Technological Leadership: The Postwar Era in Historical Perspective. *Journal of Economic Literature,* 33(1), 1931-1964.

Nieves, J.A., & Segarra-Ciprés, M.B. (2015). Management Innovation in the Hotel Industry. *Tourism Management,* 46, 51-88.

http://dx.doi.org/10.1016/j.tourman.2014.06.002

Nonaka, I., & Takeuchi, H. (1995). *The Knowledge-Creating Company.* New York, NY: Oxford University Press.

Nonaka I., Von Krogh G., & Voelpel S. (2006). Organizational Knowledge Creation Theory: Evolutionary Paths and Future Advances. *Organization Studies,* 27(8), 1179-1208.

http://dx.doi.org/10.1177/0170840606066312

Nunnally J. (1978). *Psychometric Theory.* Second edition, New York, NY: McGraw-Hill.

Pasher, E., & Ronen, T. (2011). *The Complete Guide to Knowledge Management – A Strategic Plan to Leverage Your Company's Intellectual Capital.* Hoboken, NJ: John Wiley & Sons.

http://dx.doi.org/10.1002/9781118983782

Pieffer, J. (2005). Producing Sustainable Competitive Advantage through the Effective Management of People. *Academy of Management Executive,* 19(4), 95-106.

http://dx.doi.org/10.5465/AME.2005.19417910

Pizarro-Moreno, I., Real, J.C., & De la Rosa, M.D. (2011). La Incidencia del Capital Humano y de la Cultura Emprendedora en la Innovación. *Cuadernos de Economía y Dirección de la Empresa,* 14, 139-150.

http://dx.doi.org/10.1016/j.cede.2010.09.001

Podsakoff, P.M., MacKenzie, S.B., Lee, J.Y., & Podsakoff, N.P. (2003). Common Method Biases in Behavioral Research: A Critical Review of the Literature and Recommended Remedies. *Journal of Applied Psychology,* 88(5), 879-903.

http://dx.doi.org/10.1037/0021-9010.88.5.879

Podsakoff, P.M., & Organ, D.W. (1986). Self-Reports in Organizational Research: Problems and Prospects. *Journal of Management,* 12(4), 531-544.

http://dx.doi.org/10.1177/014920638601200408

Porter, M.E. (1980). *Competitive Strategy: Techniques for Analyzing Industries and Competitors.* New York, NY: Free Press.

Prahalad, C.K., & Hamel, G. (1990). The Core Competence of the Corporation. *Harvard Business Review,* 68(3), 79-91.

Purcell, J. (1992). The Impact of Corporate Strategy on Human Resource Management. En Salaman, G. (Ed.). *Human Resource Strategies.* 60-81. London, UK: Sage.

Purcell, J., Kinnie, N., Hutchinson, S., Rayton, B., & Swart, J. (2003). *Understanding the People Performance Link: Unlocking the Black Box.* Research Report. London, UK: CIPD.

Roos, G., Roos, J., Dragonetti, N., & Edvinsson, L. (1997). *Intellectual Capital: Navigating in the New Business Landscape.* New York, NY: New York University Press.

Rosenbloom, J.L. (2010). Technology Evolution. En Narayanan, V.K., & Colarelli-O'Connor, G. (Eds.). *Encyclopedia of Technology and Innovation Management.* 9-17. Chichester, West Sussex, UK: Wiley.

Saá-Pérez, P. de, & Díaz-Díaz, N.L. (2010). Human Resource Management and Innovation in the Canary Islands: An Ultra-Peripheral Region of the European Union. *International Journal of Human Resource Management*, 21(10), 1649-1666.
http://dx.doi.org/10.1080/09585192.2010.500488

Saá-Pérez, P. de, Díaz-Díaz, N.L., & Ballesteros-Rodríguez, J.L. (2012). The Role of Training to Innovate in SMEs. *Innovation: Management, Policy & Practice*, 14(2), 218-230.
http://dx.doi.org/10.5172/impp.2012.745

Sáenz, J. (2011). La Innovación desde el Punto de Vista de la Administración y Dirección de Empresas. En Navarro, M (Director). Indicadores de Innovación y Benchmarking: Reflexión y Propuesta para el País Vasco. 142-297. Bilbao, España: Innobasque (Agencia Vasca de la Innovación), Colección Innovación Tecnológica.

Sáenz, J., & Aramburu, N. (2011). Towards a New Approach for Measuring Innovation: The Innovation-Value-Path. En Vallejo-Alonso, B., Rodríguez-Castellanos, A., & Arregui-Ayastuy, G. (Eds.). *Identifying, Measuring and Valuing Knowledge-Based Intangible Assets: New Perspectives*. 87-111. Hershey, PA: IGI Global.
http://dx.doi.org/10.4018/978-1-60960-054-9.ch005

Sáenz, J., Aramburu, N., & Rivera, O. (2009). Knowledge Sharing and Innovation Performance: A Comparison between High-tech and Low-tech Companies. *Journal of Intellectual Capital, Special issue*, 10(1), 22-36.
http://dx.doi.org/10.1108/14691930910922879

Sáenz, J., Aramburu, N., & Rivera, O. (2010). Exploring the Links between Structural Capital, Knowledge Sharing, Innovation Capability, and Business Competitiveness: An Empirical Study. En Harorimana, D. (Ed.). *Cultural Implications of Knowledge Sharing, Management and Transfer: Identifying Competitive Advantage*. 321-354. Hershey, New York, NY: IGI Global.
http://dx.doi.org/10.4018/978-1-60566-790-4.ch015

Schilling, M.A. (2011) *Strategic Management of Technological Innovation*. Third edition. Singapore: McGraw-Hill International Edition.

Schuler, R.S., & Jackson, S.E. (1987). Linking Competitive Strategies with Human Resource Management Practices. *Academy of Management Strategy*, 1(3), 207-219.
http://dx.doi.org/10.5465/AME.1987.4275740

Schultz, T.W. (1961). Investment in Human Capital. *American Economic Review*, 51(1), 1-17.

Shane, S. (2000). Prior Knowledge and the Discovery of Entrepreneurial Opportunities. *Organization Science*, 11(4), 448-469.
http://dx.doi.org/10.1287/orsc.11.4.448.14602

Shipton, H., West, M.A., Dawson, J., Birdi, K., & Patterson, M. (2006). HRM as a Predictor of Innovation. *Human Resource Management Journal,* 16(1), 3-27.

http://dx.doi.org/10.1111/j.1748-8583.2006.00002.x

Smith, K.G., Collins, C.J., & Clark, K.D. (2005). Existing Knowledge, Knowledge Creation Capability and the Rate of New Product Introduction in High-technology Firms. *Academy of Management Journal,* 48(2), 346-357.

http://dx.doi.org/10.5465/AMJ.2005.16928421

Spender, J.C., & Grant, R.M. (1996). Knowledge and the Firm: An Overview. *Strategic Management Journal,* 17, winter special issue, 5-9.

Stewart, T.A. (1991). *Brainpower.* Fortune, June 3.

Stewart, T.A. (1997). *Intellectual Capital: The New Wealth of Organizations.* New York, NY: Doubleday/Currency.

Sullivan, P.H. (Ed.) (1998). *Profiting from Intellectual Capital: Extracting Value from Innovation.* New York, NY: John Wiley & Sons.

Sveiby, K.E. (1997). *The New Organizational Wealth: Managing and Measuring Knowledge-based Assets.* San Francisco, CA: Berrett-Koehler Publishers.

Swart, J., & Kinnie, N. (2003). Sharing Knowledge in Knowledge Intensive Firms. *Human Resource Management Journal,* 13(2), 60-75.

http://dx.doi.org/10.1111/j.1748-8583.2003.tb00091.x

Teece, D.J. (2007). Explicating Dynamic Capabilities: The Nature and Microfoundations of (Sustainable) Enterprise Performance. *Strategic Management Journal,* 28(13), 1319-1350.

http://dx.doi.org/10.1002/smj.640

Teece, D.J. (2009). The Nature and Microfoundations of (Sustainable) Enterprise Performance. En Teece, D.J. (Ed.). *Dynamic Capabilities & Strategic Management – Organizing for Innovation and Growth.* 3-64. Oxford, NY: Oxford University Press.

Teece, D.J., Pisano, G., & Shuen, A. (1997). Dynamic Capabilities and Strategic Management. *Strategic Management Journal,* 18(7), 509-533.

http://dx.doi.org/10.1002/(SICI)1097-0266(199708)18:7<509::AID-SMJ882>3.0.CO;2-Z

Thompson, V.A. (1965). Bureaucracy and Innovation. *Administrative Science Quarterly,* 10(1), 1-20.

http://dx.doi.org/10.2307/2391646

Torrington, D., Hall, L., Taylor, S., & Atkinson, C. (2014). *Human Resource Management.* Eighth Edition. Harlow, Essex, England: Pearson Education.

Trott, P. (2005). *Innovation Management and New Product Development.* Upper Saddle River, NJ: Prentice Hall.

Truss, C., Mankin, D., & Kelliher, C. (2012). *Strategic Human Resource Management.* Oxford, NY: Oxford University Press.

Van de Ven, A.H. (1986). Central Problems in the Management of Innovation. *Management Science, 32*(5), 590-607.

http://dx.doi.org/10.1287/mnsc.32.5.590

Von Stamm, B. (2008). *Managing Innovation, Design and Creativity.* Second edition. Chichester, West Sussex, UK: John Wiley & Sons.

Wang, D., & Chen, S. (2013). Does Intellectual Capital Matter? High-Performance Work Systems and Bilateral Innovative Capabilities. *International Journal of Manpower, 34*(8), 861-879.

http://dx.doi.org/10.1108/IJM-07-2013-0167

Wang, Z., & Zang, Z. (2005). Strategic Human Resources, Innovation and Entrepreneurship Fit: A Cross-Regional Comparative Model. *International Journal of Manpower, 26*(6), 544-559.

http://dx.doi.org/10.1108/01437720510625458

Winter, S.G. (2003). Understanding Dynamic Capabilities. *Strategic Management Journal, 24*(10), 991-995.

http://dx.doi.org/10.1002/smj.318

Wright, P., McMahon, G., & McWilliams, A. (1994). Human Resources and Sustained Competitive Advantage: A Resource-based Perspective. *International Journal of Human Resource Management, 3*(2), 301-326.

http://dx.doi.org/10.1080/09585199400000020

Wu, S.H., Lin, L.Y., & Hsu, M.Y. (2007). Intellectual Capital, Dynamic Capabilities and Innovative Performance of Organizations. *International Journal of Technology Management, 39*(3-4), 279-296.

http://dx.doi.org/10.1504/IJTM.2007.013496

Youndt, M.A., Subramaniam, M., & Snell, S.A. (2004). Intellectual Capital Profiles: An Examination of Investments and Returns. *Journal of Management Studies, 41*(2), 335-362.

http://dx.doi.org/10.1111/j.1467-6486.2004.00435.x

Zhou, Y., Hong, Y., & Liu, J. (2013). Internal Commitment or External Collaboration? The Impact of Human Resource Management Systems on Firm Innovation Performance. *Human Resource Management, 52*(2), 263-288.

http://dx.doi.org/10.1002/hrm.21527

Capítulo 3

Interdependencia de Dimensiones de Proximidad en las Relaciones Inter-organizacionales: Casos de Colaboraciones Científicas en Nanotecnologías

Constanza Pérez-Martelo

Universidad Central, Bogotá, Colombia
cperezm@ucentral.edu.co

Doi: http://dx.doi.org/10.3926/oms.273

Referenciar este capítulo

Pérez-Martelo, C. (2015). *Interdependencia de dimensiones de proximidad en las relaciones inter-organizacionales: Casos de colaboraciones científicas en nanotecnologías.* En Blanco, C. (Ed.). *Evidencias de la gestión de Conocimiento en contextos sociales y tecnológicos de países de Latinoamérica y Europa.* Barcelona, España: OmniaScience. 145-181.

C. Pérez-Martelo

Resumen

El capítulo aporta una perspectiva performativa y sociomaterial de las proximidades que se construyen entre actores participantes en relaciones inter-organizacionales. Estudiando tres casos de cooperaciones promovidas por políticas científicas en el campo de las nanotecnologías, se identifican procesos de acercamiento y toma de distancia entre los colaboradores, articulando varias dimensiones (sociales, cognitivas, tecnológicas, geográficas), mediadas materialmente. Más allá de las características intrínsecas de los actores participantes, las proximidades se van generando a través de las prácticas de intercambio entre los socios, los espacios colectivos de trabajo, la co-construcción y traducción de objetos epistémicos entre áreas, así como la combinación de ámbitos de integración y conservación de identidad de cada colaborador. Las proximidades declaradas por las políticas científicas se van transformando en diversas modalidades de interacción y construcción de fronteras.

Palabras clave

Proximidades, relaciones inter-organizacionales, colaboración científica, sociomaterial, prácticas, performatividad, objeto epistémico, nanotecnologías

146

1. Introducción

Este capítulo tiene como propósito presentar las dinámicas de interdependencia que se generan entre distintas dimensiones de proximidad (organizacional (social, cognitiva, institucional, cultural), tecnológica, geográfica, entre otras) en los procesos de colaboraciones inter-organizacionales. Con este fin, estudiamos ámbitos de cooperaciones científicas en nanotecnologías, campo que al involucrar diversidad de instituciones, disciplinas y regiones (Baglieri, Cinici & Mangematin, 2012; Delemarle, Kahane, Willard & Larédo, 2009; Robinson, Rip & Mangematin, 2007), es propicio para examinar cómo se construyen esas proximidades.

Partiendo de un enfoque de conocimiento como práctica (Carlile, Nicolini, Langley & Tsoukas, 2013; Nicolini, 2012), aportamos a la comprensión del carácter interdependiente y dinámico del proceso de construcción de proximidades e ilustramos fenómenos emergentes de generación de relaciones entre los actores involucrados (Pérez-Martelo, 2013).

La literatura de gestión de conocimiento y de la geografía de la innovación ha contribuido en la identificación de dimensiones de proximidad más allá de la espacial en las relaciones inter-organizacionales (Calamel, Defélix, Picq & Retour, 2012; De Gortari, 2001; Ibert, 2007; Ibert & Müller, 2015; Knoben & Oerlemans, 2011; Messeni-Petruzzelli, Albino & Carbonara, 2007; Messeni-Petruzzelli, Albino, Carbonara & Rotolo, 2010). Los resultados del presente trabajo aportan elementos sobre el carácter performativo y sociomaterial de las proximidades. Se encuentra que las relaciones que se generan a partir de las interacciones entre actores participantes de arreglos inter-organizacionales involucran varias dimensiones de proximidad operando simultáneamente y transformándose unas en otras. Ello se da a partir de prácticas sociomateriales de intercambio, que permiten articular los actores, sin necesariamente estar en un espacio de consenso u objetivos unificados. En el proceso emergen mediaciones de conocimiento que permiten promover interacciones heterogéneas.

Este capítulo está organizado en cinco secciones, incluyendo esta. En la segunda se presenta la revisión de literatura sobre estudios de proximidad en las colaboraciones inter-organizacionales. Se encuentra que si bien las investigaciones recientes han señalado la relevancia de considerar la naturaleza dinámica e interdependiente de las diferentes dimensiones de proximidad, poco han explorado las prácticas e intercambios sociomateriales asociados a esas evoluciones. En la tercera sección se ilustra el diseño metodológico de estudio de casos, basado en el enfoque de artesanía intelectual (Mills, 1961). En la cuarta se desarrollan los casos, aportando elementos de la performatividad e interdependencia de las dimensiones de proximidad. En la última sección se realiza la discusión de resultados, y se plantean algunas líneas futuras de indagación.

2. Revisión de Literatura: Proximidades en las Colaboraciones Inter-organizacionales

Recientes estudios han indagado sobre la relación entre las proximidades entre los socios de las colaboraciones inter-organizacionales, y la creación, evoluciones y resultados de ellas. Knoben y Oerlemans (2006) estudian diferentes tipos de proximidad y distinguen tres que tienen relevancia en las cooperaciones entre dos o más organizaciones: geográfica, organizacional y tecnológica.

La geográfica (territorial, espacial o física) puede tomarse en términos absolutos (medidas de distancia), o relativos (por ejemplo, tiempos de transporte). Esta modalidad de proximidad se asocia normalmente a la transferencia de conocimiento tácito. Sin embargo, otras perspectivas (Casas & Luna, 2001; Ibert, 2007) muestran diferentes geografías en la creación de conocimiento. Puede tenerse una aglomeración, que hace énfasis en la proximidad espacial como posibilitador del intercambio de conocimiento, o un sitio o "place", que considera la producción de conocimiento como una práctica con una combinación de instancias co-localizadas físicamente y otras distribuidas. Sorenson, Rivkin y Fleming (2006), se concentran en estudiar la complejidad y naturaleza del conocimiento, para indagar cómo afectan los procesos de transferencia de tal conocimiento a distancia. La organizacional comprende una cercanía en aspectos cognitivos, institucionales, culturales y sociales. Para la colaboración inter-organizacional podría facilitar las interacciones por similitudes entre los socios. La proximidad tecnológica está ligada a las bases de conocimiento y capacidades compartidas, que influyen en el aprendizaje que puede generarse entre los cooperantes. Algunos estudios muestran los beneficios de relacionarse con socios diversos para ampliar los resultados innovadores (Kang & Kang, 2010; Nooteboom, Van Haverbeke, Duysters, Gilsing & van den Oord, 2007) o de contar con colaboradores verticales o no competitivos próximos geográficamente (Narula & Santangelo, 2009).

La indagación sobre variadas dimensiones de distancia entre los socios, ha evidenciado que las proximidades no-geográficas pueden tener una notable influencia en la manera como se generan y evolucionan las colaboraciones (Autant-Bernard, Billand, Frachisse & Massard, 2007; Balas & Palpacuer, 2008; Knoben & Oerlemans, 2011; Messeni-Petruzzelli, Albino, Carbonara, 2009). En las relaciones inter-organizacionales se pueden integrar varios tipos de proximidad (Ibert & Müller, 2015; Messeni-Petruzzelli et al., 2007). Muestra de ello es el estudio de Hautala (2011) sobre grupos de investigación en universidades finlandesas con un líder extranjero, que ilustra que la construcción de proximidad cognitiva puede sopesar la alta distancia en otros componentes. Adicionalmente, la movilidad de personal en las redes de colaboración científica puede permitir una co-localización espacial por un periodo de tiempo entre los cooperantes, fomentando la producción colectiva de conocimiento y la construcción de proximidades de otro tipo (Gaillard, Gaillard & Arvanitis, 2014).

Otras investigaciones recientes han señalado la relevancia de considerar el carácter dinámico y la temporalidad en la construcción de proximidades (Autant-Bernard & Hazir, 2013; Balland, Boschma & Frenken, 2014; Broekel, 2015). Estos estudios han avanzado en aportar elementos sobre cómo cambian las proximidades y se afectan unas a otras. También en la dirección de la temporalidad, Lawrence, Hardy y Phillips (2002) analizan los efectos de segundo orden de las colaboraciones, es decir, la institucionalización de las relaciones más allá de la duración de los mecanismos de cooperación. Esos autores plantean que las relaciones inter-organizacionales pueden generar unas protoinstituciones, arreglos de colaboración remanentes que alimentan futuros intercambios.

Las anteriores perspectivas han permitido comprender varios fenómenos en la configuración de la redes, pero dejan abiertas preguntas sobre las prácticas bajo las cuales las proximidades evolucionan. Para arreglos inter-organizacionales que son promovidos por política pública, los estudios poco evalúan las formas en que la institucionalidad de la política influencia la evolución de las proximidades. El presente capítulo se propone abordar ese punto, examinando las prácticas locales que configuran las proximidades entre actores que participan en iniciativas apoyadas por políticas científicas.

3. Diseño y Terreno Investigación

Este trabajo indaga sobre los procesos de construcción de proximidades en las cooperaciones científicas inter-organizacionales. Con tal propósito, el diseño de la investigación es un estudio de casos (Yin, 1994). Seleccionamos tres situaciones de colaboraciones en el campo de las nanotecnologías, el cual se caracteriza por la participación de diversas áreas de conocimiento e instituciones (Baglieri et al., 2012; Robinson et al., 2007). Esos escenarios permiten examinar distintos tipos de proximidad geográfica, organizacional, y tecnológica. Abordamos la proximidad con un enfoque simétrico, analizando los procesos de acercamiento y toma de distancia entre los colaboradores.

Los casos estudiados son tres: un proyecto con la participación de socios de cinco países europeos (NANOALPHA); un laboratorio ubicado en un polo francés en micro y nanotecnologías (MINATEC); y una red colombiana de grupos de investigación, el Centro de Excelencia en Nuevos Materiales (CENM). Tales iniciativas tienen en común el ser clústeres y redes promovidas por políticas científicas, siendo así un ámbito propicio para estudiar cómo se construyen las proximidades entre los actores involucrados. Dado que tales políticas tienen un componente territorial asociado a los objetivos de desarrollo (local, nacional, regional), generan posibilidades de indagación sobre cómo se relaciona la proximidad espacial con los procesos de creación de conocimiento, y de puesta en discusión del componente geográfico frente a otras dimensiones de proximidad.

En la investigación utilizamos un enfoque de artesanía intelectual (Mills, 1961), en un proceso de ida y vuelta entre las perspectivas teóricas, el trabajo de terreno, y los resultados de los análisis. Durante el periodo 2007-2010 realizamos entrevistas semiestructuradas (Bernard & Ryan, 2010) con investigadores, estudiantes y personal administrativo asociado a las colaboraciones. También analizamos documentación sobre los casos, recolectada entre el 2007 y el 2012.

Construimos categorías de análisis a partir de una revisión sistemática de literatura y de la identificación de elementos derivados del terreno. La presentación de los casos busca mostrar aspectos de la propuesta conceptual alrededor de los fenómenos de construcción de proximidades evidenciados.

4. Procesos de Construcción de Proximidades: Casos de Colaboraciones Científicas Inter-organizacionales

En este trabajo planteamos que las proximidades entre actores en ámbitos de colaboraciones son performativas y sociomateriales. El carácter performativo se refiere a su naturaleza cambiante a partir de las prácticas de interacción entre los actores, y a la manera como varias dimensiones de proximidad están presentes al mismo tiempo, son interdependientes, y se transforman unas en otras. Además de ello, a la no linealidad y dinamismo del proceso, es decir, que los colaboradores pueden acercarse y alejarse en distintos momentos de las cooperaciones.

El carácter sociomaterial de las proximidades se asocia a la mediación de los objetos en los intercambios entre actores sociales (Vinck, 1999; 2009;

2011), es decir, la materialidad de las interacciones forma parte de las articulaciones construidas (Carlile et al., 2013).

Los casos que presentaremos a continuación buscan ilustrar varios aspectos de la performatividad y el carácter sociomaterial del proceso de construcción de proximidades.

4.1. NanoAlpha: Un Proyecto como Espacio de Construcción de Proximidades

NanoAlpha fue un proyecto financiado dentro del Sexto Programa Marco de la Comisión Europea[1], ejecutado en el periodo 2006-2010. El proyecto tuvo dos propósitos: desarrollar un nanomaterial para el uso en un sensor de gas benceno, y generar procesos de comunicación de la ciencia para divulgar al público los avances logrados. Esas labores de divulgación se realizan principalmente a través de la construcción de unos videodiarios disponibles en la página web del proyecto, en los que los científicos participantes muestran actividades, perfiles y retos de la iniciativa.

El proyecto contó con la participación de ocho socios (seis laboratorios, una empresa y una sociedad especialista en comunicación de la ciencia), distribuidos en Bélgica, Luxemburgo, Francia, España y el Reino Unido (ver Tabla 1).

---

[1] Bajo la modalidad *"Specific Targeted Research Project - STREP"*, que corresponde a proyectos de investigación y desarrollo tecnológico que buscan desarrollar conocimiento o mejorar productos o procesos existentes, o proyectos de demostración dirigidos a evaluar la viabilidad de nuevas tecnologías sin un interés directo por la comercialización (European Commission, 2004).

Tabla 1. Participantes del proyecto NanoAlpha. Pérez-Martelo (2013: página 94).

Denominación (Seudónimo)	Descripción de la entidad	Localización	Rol en el proyecto
LAB1	Laboratorio de Espectroscopia Electrónica	Namur (Bélgica)	Coordinación del proyecto, producción y caracterización de nanotubos de carbono (CNT) tratados con plasma y decorados con metal.
LAB2	Laboratorio de Química Analítica	Bruselas (Bélgica)	Caracterización de muestras.
LAB3	Laboratorio de Análisis de Materiales	Luxemburgo (Luxemburgo)	Deposición de metal sobre CNT y caracterización de muestras.
LAB4	Laboratorio de Físico – Química y Física de Materiales	Lovaina (Bélgica)	Modelamiento computacional de nanotubos decorados con moléculas metálicas, cálculos teóricos.
LAB5	Instituto de Materiales	Nantes (Francia)	Modelamiento computacional y proyecto web.
LAB6	Laboratorio en Ingeniería de Materiales y Micro y Nanosistemas	Tarragona (España)	Fabricación de sensor de gas y validación industrial.
BETA	Empresa fabricante de sensores	Barcelona (España)	Aplicación industrial.
GAMMA	Sociedad experta en comunicación de la ciencia	Brighton, Sussex (Reino Unido)	Comunicación de la ciencia.

4.1.1. Proximidades en el Origen del Proyecto

El proyecto tuvo origen en el contexto de una red de excelencia europea que llamaremos NanoZeta[2]. Tres de los socios de NanoAlpha (LAB1, LAB3 y LAB4) habían formado parte de NanoZeta, contando así con unos procesos previos de generación de proximidades. La red previa o protoinstitución, se convierte en un espacio de intercambios para proponer el proyecto. Esos efectos de segundo orden de la iniciativa anterior que permanecen en el tiempo se convierten en un posibilitador de acciones para los participantes de NanoAlpha. Generan un conocimiento sobre la forma de construir arreglos inter-organizacionales y un aprendizaje sobre los tipos de redes impulsados por los instrumentos de política. Las proximidades promovidas por tales políticas derivan en unas organizaciones temporales de trabajo que son transversales a varios arreglos de colaboración.

Esas interdependencias entre varios instrumentos de política se evidencian en este caso en la manera como una red de excelencia es el espacio para crear otros proyectos en temas concretos. Para ilustrar este punto presentamos a continuación un fragmento de la entrevista con el Coordinador de NanoAlpha y Director del LAB1:

> *NanoZeta, es un tema mucho más instrumental, acceso al desarrollo de técnicas para* **estudiar los nano-objetos…** *Se puede decir que,* **NanoAlpha ha germinado de NanoZeta, así como otros proyectos**[3]. *De NanoZeta se propusieron 11 proyectos a la comisión europea, y siete han sido financiados. Esto es un éxito significativo.* (Modificado de Pérez-Martelo, 2013: página 97).

---

[2] Utilizaremos este seudónimo por razones de confidencialidad de la información. Las redes de excelencia fueron un instrumento del Sexto Programa Marco que buscaba la integración de largo plazo entre actores de un campo de investigación a nivel de Europa, y superar la fragmentación de recursos y capacidades (European Commission, 2004).

[3] En los extractos de las entrevistas utilizaremos la negrilla para resaltar algunos puntos que permitan ilustrar el tema tratado. En todos los fragmentos de las entrevistas cambiaremos los nombres de los proyectos, redes y socios por los seudónimos definidos.

La protoinstitución derivada de la red de excelencia NanoZeta, es decir, las relaciones de colaboración gestadas entre LAB1, LAB3 y LAB4, así como la intención de potencializar un tema desarrollado en el LAB1 en una tesis doctoral, son la base para generar la propuesta de NanoAlpha. Para ello se consideran los requerimientos adicionales que tenían bajo la modalidad de proyecto tipo *STREP* de la Comisión Europea. En el nuevo escenario era favorable contar con socios industriales y se requerían varias áreas de conocimiento (nanotubos, cálculos teóricos, sensores de gas y comunicación). Es así como en la conformación del equipo del proyecto se capitalizan otras relaciones directas e indirectas de los proponentes para cumplir con las condiciones de un proyecto tipo *STREP*. Esto puede observarse en los extractos siguientes en los cuales el Coordinador de NanoAlpha y Director de LAB1 ilustra el enrolamiento de socios al proyecto:

Dentro de la convocatoria del proyecto había una fuerte recomendación de que hubiera un socio industrial para llegar hasta el desarrollo del prototipo. No era absolutamente necesario, pero era una recomendación...

*Queríamos construir una red con tres socios para elaborar los nanotubos, LAB2, LAB3 y nosotros [LAB1]. Dos socios para hacer los cálculos, LAB4 y LAB5. El socio de España, el profesor del LAB6, con quien yo ya había colaborado para hacer estudios sobre los sensores, entonces, todas esas personas yo ya las conocía. **El profesor del LAB6 trajo consigo la sociedad BETA,** que es una PYME que vende sensores de gas. **Y el profesor del LAB5 trajo al socio inglés que es la sociedad GAMMA,** que se ocupa del sitio internet... de la gestión de videos y que encarga algunos de los videos a los profesionales. Así, dentro de la red... yo conocía al LAB3, yo conocía al LAB2, yo conocía al LAB4, yo conocía al LAB5, y yo conocía al LAB6, **yo conocía a cinco socios. Yo no conocía a BETA, yo no conocía a GAMMA** (Modificado de Pérez Martelo, 2013: página 98).*

En el origen del proyecto pueden identificarse varias dimensiones de proximidad generadas previamente entre los socios. El trabajo en NanoZeta y en otras iniciativas anteriores alrededor de unos objetos (nano-objetos, sensores), se deriva en unas proximidades sociomateriales entre varios de los socios, con componentes cognitivos (temas trabajados), organizacionales (participación en redes y proyectos anteriores), tecnológicos (base de conocimiento para aprender unos de otros). Además de ello, a través de un vínculo que tenía el LAB5 con la sociedad GAMMA se crea una oportunidad de incorporar el tema de comunicación de la ciencia, tópico que era original para un proyecto tipo STREP, y que posteriormente es reconocido por la Comisión Europea como una línea a tener en cuenta en sucesivas propuestas.

En tales proximidades se evidencia una interdependencia. Por ejemplo, el hecho de participar en una red de excelencia, da acceso a infraestructuras comunes de trabajo que favorece los intercambios. La política impulsa una proximidad organizacional (pertenecer a una red) en la que se va generando entre los actores una proximidad cognitiva (preguntas, problemas, temas que se transforman en proyectos), materiales (intercambio de muestras, nano-objetos), tecnológicas (aprender cómo complementar capacidad entre laboratorios). La vinculación de un socio con conocimientos y experticia en comunicación de la ciencia, área lejana a los temas trabajados anteriormente (distancia cognitiva alta), le da al proyecto un componente original.

4.1.2. Evolución de las Proximidades Sociomateriales entre Miembros del Proyecto

Una estrategia de trabajo del equipo del proyecto fue visitar las instalaciones de las entidades socias y permanecer en ellas un periodo que duraba desde un par de días hasta una o dos semanas. Esto permitió un acercamiento entre los participantes, y en palabras del Coordinador del Proyecto, *"estar al tanto, sin ser especialistas, de lo que hacen los otros"* (Pérez-Martelo, 2013: página 120).

La distribución de tareas y organización del trabajo del proyecto se asocia a las cuatro áreas principales: nanotubos, cálculos teóricos, sensores de gas y comunicación, siendo cada una de ellas heterogénea. Por esta razón, las proximidades cognitivas y tecnológicas no pueden evaluarse estáticamente, ni bajo grandes categorías disciplinares o de naturaleza de la investigación, como teórica y experimental.

En este caso se muestra un aspecto ligado al campo de las nanotecnologías: varias disciplinas, áreas y mundos sociales generando interacciones de diversa índole. Este proyecto evidencia que las prácticas de interacción van generando y transformando unas proximidades, mediadas materialmente.

El desarrollo del "sensor de gas benceno", que articula las acciones de los participantes en NanoAlpha, se despliega en varios objetos epistémicos (Knorr-Cetina, 1997, 1999), es decir, se transforma en varias preguntas, indagaciones y posibilidades de generar nuevo conocimiento en las áreas del proyecto.

Esos objetos epistémicos, o preguntas configuran unas proximidades entre los actores que definen áreas comunes, pero también competencias específicas de cada uno. Es el caso de los laboratorios LAB1, LAB2 y LAB3 que fabrican los materiales, cuyos objetos epistémicos se vinculan con los nanotubos y su funcionalización, pero con objetivos diferenciados. Ello se observa en el siguiente comentario del Coordinador de NanoAlpha y Director del LAB1:

> *Hay una tarea que es fabricación de material, en la cual son depositados unos materiales sobre los nanotubos, y allí son tres grupos LAB3, LAB2 y LAB1 que trabajan sobre la parte que uno llama experiencia, fabricar el material... el LAB3, ellos tienen colaboraciones con los industriales... ellos son muy próximos de la aplicación industrial mucho más que nosotros en el LAB1 o en el LAB2* (Modificado de Pérez-Martelo, 2013: páginas 100-101).

En el caso de los socios LAB1, LAB2 y LAB3 hay una proximidad cognitiva con unas tecnologías y competencias complementarias, y una proximidad geográfica, que según el Director del Proyecto, facilita los intercambios: "ellos están muy cerca". Para esos colaboradores el objeto "nanotubos con recubrimientos" se despliega en varios objetos epistémicos. Para LAB1 se asocia a preguntas sobre las propiedades básicas de los materiales, trabajando en condiciones de vacío. Para LAB2, se traduce en indagaciones sobre cómo producir los materiales en condiciones atmosféricas y pequeñas superficies. El objeto epistémico para LAB3 tiene mayores componentes relacionados con las aplicaciones, dada su proximidad tecnológica con los industriales. Para ese actor, las preguntas se vinculan a las formas de fabricar los materiales en grandes superficies, en escala compatible con la industria.

Los laboratorios LAB4 y LAB5 a cargo de los cálculos teóricos y la modelización, si bien presentan una proximidad cognitiva y tecnológica (competencias de modelamiento computacional), muestran diferencias en los enfoques de trabajo (atomista vs función), que se derivan en distintas prácticas. Este punto lo explica el coordinador del proyecto y Director de LAB1 en el siguiente fragmento:

> En el LAB5 tienen una aproximación atomista, un átomo que interactúa con un átomo, eventualmente un átomo interactúa con dos, tres, cuatro átomos, mientras que en el LAB4 tienen una aproximación inversa. Ellos trabajan con un enfoque función que interactúa con una función, pero también puede ser muy complejo. **Son códigos de cálculos muy diferentes** (Pérez-Martelo, 2013: páginas 101-102).

Entre las entidades que fabrican los materiales y aquellas que se dedican a hacer los cálculos teóricos se dan intercambios a partir de problemas por resolver. Los socios aprenden a conocer el tipo de trabajo que hacen los demás y los tiempos requeridos. El extracto mostrado a continuación ilustra estos acoplamientos entre los grupos de producción de materiales y de modelamiento:

> *...uno deposita el oro sobre los nanotubos de carbono, modelizar la interacción entre los átomos de oro y el nanotubo de carbono, **ello supone tener los parámetros sobre la estructura electrónica**... la función potencial... **Si esos parámetros existen dentro de la literatura, el cálculo se puede hacer rápidamente**... Si usted le pide a un teórico hacer un cálculo para los átomos de radio sobre los nanotubos de carbono, él va a decir: "no hay parámetros". Uno no sabe cuál es el potencial de los electrones en los átomos de radio. Así, eso le va a tomar un mes, tres meses... para definir cuáles son los potenciales a utilizar* (Pérez-Martelo, 2013: página 102).

En esas interacciones se identifican procesos de construcción de proximidades que involucran una coordinación sociomaterial. En el sentido de la proximidad tecnológica como es planteada por Knoben y Oerlemans (2006), frente a qué tanto los socios pueden aprender unos de otros, se va generando un conocimiento sobre cómo traducir un objeto epistémico propio en el de los colaboradores. En la situación mencionada, un problema sobre las interacciones y comportamiento de un recubrimiento depositado sobre un sustrato, se traduce para el socio teórico en preguntas sobre cómo encontrar un parámetro.

Se evidencia en los ejemplos presentados que las grandes categorías como "experimental" o "teórico" no son suficientes para identificar proximidades cognitivas o tecnológicas. Es necesario evaluar la materialidad de los intercambios y las prácticas de trabajo. La proximidad muestra su carácter performativo, porque se da en la acción y se va construyendo poco a poco. En las relaciones se entrelazan varios tipos de proximidad que se influencian unos a otros. Y en ese proceso es tan importante acercarse a los colaboradores como diferenciarse de ellos para comprender el aporte de cada uno y poner en diálogo los distintos objetos epistémicos o preguntas.

Otra tarea del proyecto, en la cual se muestra la generación de proximidades a partir de intercambios sociomateriales, es la definición del material para el sensor. Durante el desarrollo, los socios hicieron pruebas con varios materiales, teniendo en cuenta que se pudieran trabajar tanto desde el punto de vista teórico (cálculos y modelado computacional), como desde el experimental (producción y caracterización de materiales). Los colaboradores aprenden a traducir sus preguntas en términos de otras actividades que deben realizar los socios, y eso hace que se construya un espacio de variadas proximidades.

Los actores de NanoAlpha en las interacciones articulan las distintas temporalidades de las tareas (por ejemplo: tiempo requerido para un modelado computacional cuando no existe un parámetro). Para BETA, la empresa, el objeto epistémico es el sensor y los otros actores se organizan alrededor de preguntas intermedias (por ejemplo: procesos de producción y caracterización de materiales, propiedades, cálculos). Los participantes del proyecto van articulando las tareas para cumplir con los objetivos finales, y lograr un prototipo "real" del sensor, aunque ello toma más tiempo del previsto.

En las dinámicas de colaboración identificadas en NanoAlpha se observan varios tipos de relaciones entre los actores, mediadas por objetos. Son estos contextos los que nos llevan a plantear que las proximidades son sociomateriales e interdependientes. Los distintos mecanismos de cooperación que implementan y en los que participan los actores van generando unas protoinstituciones, relaciones que permanecen en el tiempo después de sucesivas colaboraciones entre varios socios.

4.2. El CENM: Proximidades Heterogéneas en una Red Promovida por Política Científica

El Centro de Excelencia en Nuevos Materiales (CENM), es una red creada en el año 2005 conformada por 19 grupos de investigación pertenecientes a 10 universidades colombianas, distribuidas en nueve ciudades del país. Fue la iniciativa apoyada por el gobierno nacional en el área estratégica "Materiales Avanzados y Nanotecnología" dentro del programa de Centros de Investigación de Excelencia (CIE). Busca generar cooperaciones entre actores dispersos geográficamente. En el diseño de la red los grupos de investigación se agrupan en cuatro temas de investigación interdisciplinaria (TII), que son una proximidad cognitiva y tecnológica declarada en el arreglo institucional de la iniciativa: 1) Materiales de Recubrimientos; 2) Materiales Nanocompuestos (Nanopolvos activos para materiales basados en cemento); 3) Nanomagnetismo y 4) Dispositivos de Estado Sólido, Sensores, y Sistemas Mesoscópicos (ver Anexo 1).

4.2.1. Transformación de las Proximidades Declaradas: Modalidades Diferenciadas de Construcción de Proximidades

La propuesta de creación del CENM organiza a los grupos según unas afinidades temáticas. Esas proximidades cognitivas y tecnológicas son definidas a priori, a partir de las trayectorias de los participantes, y se materializan en una proximidad institucional declarada: la vinculación a un mismo TII. Sin embargo, en las interacciones entre los integrantes de la red, se transforman y toman varios matices.

En los procesos de construcción de proximidades entre los grupos se presentan dinámicas de complementariedad, afinidad de temáticas, división del trabajo y articulación de fuentes de financiación. Estas generan interacciones que amplían las proximidades cognitivas y tecnológicas declaradas a través de los TII. Presentaremos varias situaciones identificadas para ilustrar este punto.

Entre algunos de los grupos una combinación de proximidad cognitiva con distancia tecnológica es lo que les permite complementarse. Es el caso de integrantes que trabajan en temas comunes, pero uno desde una perspectiva teórica y el otro experimental. La indagación alrededor de un objeto epistémico co-construido, que luego cada uno recontextualiza sobre sus propias preguntas, se convierte en un posibilitador de la colaboración. Esto puede observarse en el comentario siguiente de un investigador en física teórica, cuando explica los intercambios con otros grupos de su TII:

> *Nuestro grupo ha tenido interacción con otros grupos pertenecientes al CENM, tanto teóricos como otros grupos experimentales, de tal manera que se han hecho trabajos de colaboración. Bueno, anteriormente, antes de existir el CENM existían algunas colaboraciones, pero con la creación del CENM se ha fortalecido la colaboración con otros grupos que pertenecen al CENM en particular hay una colaboración con el grupo de... laboratorio optoelectrónica de la Universidad del Quindío que es un grupo experimental. Entonces la colaboración ha sido en el sentido que **ellos hacen los experimentos de sistemas de baja dimensionalidad, sistemas semiconductores de baja dimensionalidad y en el grupo se han hecho algunos trabajos teóricos para explicar algunos tipos de resultados relacionados con los experimentos que han hecho en ese grupo**... algunos de los profesores de nuestro grupo han hecho modelos teóricos para explicarlos, algún tipo de comportamiento de transporte, de propiedades electrónicas de estos sistemas. Entonces la idea ha sido que ellos hagan los experimentos, acá se hacen los modelos para explicar algunas de esas propiedades. De hecho hay un estudiante que está haciendo ahora aquí su doctorado en el grupo, un estudiante del grupo que su tesis de maestría la hizo en el grupo de optoelectrónica, él hizo una parte experimental y la parte teórica la hizo aquí con nosotros y ahora ya inició el doctorado...* (Modificado de Pérez-Martelo, 2013: página 201).

En el anterior fragmento se identifica la complementariedad entre los enfoques teóricos y experimentales alrededor de preguntas sobre el tema de "sistemas de baja dimensionalidad". Estas proximidades vienen soportadas en cooperaciones previas, que se refuerzan con el CENM. La movilidad de estudiantes es un facilitador de los intercambios.

En otras situaciones, se combinan varias proximidades generadas en colaboraciones previas, que en el CENM se siguen fortaleciendo. Ello lo resalta un investigador en física de nuevos materiales:

Desde antes de la creación del CENM el [grupo] tenía colaboraciones con el Grupo... de la Universidad del Valle y éstas continuarán una vez finalice la unión temporal. **Hay una afinidad con el tema de las perovskites** (Pérez-Martelo, 2013: página 202).

Cuando profundiza en la trayectoria de colaboración con el grupo de la Universidad del Valle, el investigador trata el tema de métodos similares de preparación de materiales (proximidades tecnológicas), movilidad de personal e intercambios de muestras. Se evidencia una relación sostenida por unas interacciones sociomateriales de largo aliento. Nuevamente la construcción de objetos epistémicos (sobre las perovskites), es un generador de proximidades. La proximidad organizacional tiene en este caso componentes cognitivos y sociales. Sin embargo, el investigador menciona problemas institucionales (recursos financieros) como un obstáculo para una mayor integración a la red.

Otros grupos, si bien al pertenecer al CENM tienen una proximidad institucional con los otros, manifiestan ciertos acercamientos, pero todavía no materializados en proyectos conjuntos:

Ese trabajo que hemos venido teniendo en el CENM en el cual **hay varios grupos trabajando digamos en una misma temática,** *digamos nos ha hecho caer en cuenta de que precisamente la unión de varios grupos da mayor capacidad de trabajo a un área...* **No**

> **hemos logrado concretar un proyecto conjunto**... (Pérez-Martelo, 2013: página 202).

En las formas de integración descritas se observan varias dimensiones de proximidad interactuando al mismo tiempo, e influenciando los resultados de las colaboraciones. Los intercambios pueden darse alrededor de objetos epistémicos comunes, con afinidad o complementariedad de temas. Operan también unas proximidades previas al CENM entre algunos de los participantes.

También se identifican en el CENM colaboraciones que involucran una complementariedad de competencias tecnológicas, con variadas distancias cognitivas. Se presenta así una división de tareas y capitalización de los resultados de otros participantes del mismo TII.

Un ejemplo de ello es el de los grupos experimentales, que aportan en distintas fases del ciclo de producción de materiales, con unos participantes produciendo ciertas muestras y otros caracterizándolas, o algunos con ambas competencias y/o tareas. El TII se constituye en un espacio posible de colaboración. Ello lo explica un estudiante doctoral en el siguiente extracto de la entrevista:

> ...*si diferentes grupos trabajan la misma línea entonces lo más probable es que* **uno de ellos tenga cómo hacer los materiales, otros tienen cómo hacer la caracterización**, *se unen y entonces pueden colaborar, es lo que se quiere, la cooperación. Entonces mi trabajo es un poco de los dos* (Pérez-Martelo, 2013: página 204).

La cooperación entre esos integrantes del CENM se asocia al hecho de trabajar sobre campos comunes desde competencias diferentes. Tienen una proximidad institucional al pertenecer al mismo TII, y una distancia tecnológica que les permite complementarse.

Las proximidades logradas en el CENM también involucraron la movilidad de personal (investigadores, estudiantes, personal técnico), para generar interacciones, minimizando los efectos de la distancia geográfica. Esto estuvo muy ligado al uso de instrumentos y la experimentación alrededor de ellos. Los recursos del CENM que permitieron esos desplazamientos, son facilitadores de la generación de espacios de creación de conocimiento que nuevamente son sociomateriales (uso de instrumentos, trabajo alrededor de muestras, aprendizaje de técnicas de producción o caracterización de materiales). El comentario siguiente de un investigador ilustra este punto:

> *...Los estudiantes de diferentes grupos interactuaron, eso es nuevo conocimiento. Por ejemplo,* **un estudiante de doctorado del [grupo] estuvo un mes en Cali, creció películas allá y 'aprendió muchísimo'. Luego salió a Recife y después se fue a Alemania**. *Es becaria de Colciencias, fue aceptada para hacer su doctorado con beca del CENM, pero prefirió la de Colciencias porque incluía la pasantía... Dentro del CENM el principal colaborador es el grupo de [Universidad del Valle].* **Hay movilidad de estudiantes entre los dos grupos**. *Para el uso de los equipos robustos del CENM en la Universidad del Valle se paga una pequeña tarifa con el fin de cubrir los costos de utilización, ya que esos equipos requieren mantenimiento. De la Universidad del Valle, el [grupo] usa: la cámara para crecer películas delgadas..., el PPMS [Sistema de Medidas de Propiedades Físicas (Physical Property Measurement System-PPMS)], y el AFM [Microscopio de Fuerza Atómica (Atomic Force Microscope - AFM)]...* (Pérez-Martelo, 2013: páginas 204-205).

Los intercambios descritos muestran varias dimensiones de proximidad operando al mismo tiempo. Unas proximidades sociales con relaciones de colaboración que involucran movilidad de personal, proximidades tecnológicas mediadas por las infraestructuras, y aprendizajes derivados en acercamientos cognitivos.

Una modalidad distinta de división del trabajo se presenta cuando una disciplina acude a otra para solucionar una problemática específica que es ajena a su campo. Esto se observa en el extracto siguiente de una entrevista con un estudiante de maestría en ciencias físicas, referente a los métodos de preparación de materiales:

> *Por lo menos, **el hecho de tener que sinterizar esta misma partícula. O sea nosotros como físicos no manejamos esta parte... de estas reacciones químicas y todo eso... Entonces en la parte de sinterización me toca con una persona de química**... de otro grupo de la Universidad... al principio en sinterización que es la parte que ellos dominan, la parte fuerte de ellos, lo acompañan a uno en ese proceso. Ya después corre por cuenta de uno. Ya el resto, después de tener las nanopartículas, ya es caracterizarla, hacer todo el estudio en cuanto a las propiedades del material* (Pérez-Martelo, 2013: páginas 205-206).

La situación descrita muestra una complementariedad, pero con baja proximidad cognitiva. No se co-construyen objetos epistémicos comunes, sino que el intercambio funciona como la prestación de un servicio puntual. Otras colaboraciones en el CENM dentro de los TII buscan potencializar las distancias cognitivas para lograr una diferenciación y oportunidades de temas de investigación original. Tal como lo explica un investigador del CENM:

> *Nosotros... después de que iniciamos el trabajo con el centro [CENM] **empezamos unas nuevas líneas de trabajo, el trabajo en recubrimientos níquel-fósforo,**... logramos ahí en el centro iniciar ese trabajo en recubrimientos níquel-fósforo que hoy en día nos ha dado una línea de trabajo específica que es por lo menos, es una de*

las líneas de trabajo mío en la actualidad. Y otro tema que fue en el tema de recubrimientos antidesgaste... **Esos son recubrimientos duros, pero diferentes a los recubrimientos duros que trabajan los otros grupos pertenecientes al centro...** *se trabajaron otro tipo de recubrimientos que son recubrimientos poliméricos, pero de tipo polímeros semiconductores* (Pérez-Martelo, 2013: páginas 206-207).

Para este grupo la pertenencia al CENM le proporciona una proximidad institucional y cognitiva al vincularse a un TII, pero a la vez buscando diferenciar su trabajo y aportar puntos originales al tema.

En esta sección se evidencia que los procesos de construcción de proximidades entre los actores del CENM toman varias formas con elementos organizacionales (cognitivos, institucionales, sociales) y tecnológicos, entre colaboradores ubicados a diferentes proximidades geográficas. En ese sentido, los integrantes del CENM relativizan la proximidad espacial (Knoben & Oerlemans, 2006), en términos de contar con recursos para acercarse a sus socios (por ejemplo: rubros para estancias, movilidad de personal). Estos procesos tienen una fuerte mediación material y al interior de cada TII son heterogéneos. La proximidad institucional se asocia a acuerdos entre los socios del CENM como lo son las tarifas preferenciales en los servicios. La posibilidad de integrarse también está muy ligada a la voluntad de la entidad de tutela del grupo para aportar recursos complementarios.

4.2.2. Construcción de Proximidades y Toma de Distancia entre Actores del CENM

Los procesos de construcción de proximidades muestran no seguir una dirección lineal, ya que los actores pueden acercarse y alejarse en distintos momentos. Es el caso de grupos que al inicio del CENM se integran a otros a través de las proximidades declaradas en la pertenencia al TII, pero durante la evolución de la red toman distancia de esos mecanismos formales.

Lo anterior se da en algunos casos porque la red no provee una infraestructura de trabajo común para todos los tipos de actividades. Ello sucede con algunos grupos teóricos que no logran articular una infraestructura robusta para la colaboración: "*Lo que pasa es que nosotros somos un grupo teórico. De pronto los colegas de experimental... le han sacado jugo a los equipos*" (Investigador en física teórica) (Pérez-Martelo, 2013: página 208).

Para otros grupos, la proximidad institucional que se deriva de hacer parte de la red del CENM no ha sido suficiente para generar colaboraciones. Eso se debe a que las proximidades declaradas no se relacionan con los temas de investigación. Tal situación se evidencia en el comentario de un investigador:

> *...nosotros estamos en [el TII]... pero no tiene nada que ver... Como el CENM no es un centro en el sentido que tenga un programa de investigación. El programa de investigación del CENM es lo que vimos ahora, la sumatoria de los programas individuales de cada grupo. No hay un gran programa, no hay una pregunta científica de investigación... Tenemos muchos mejores colaboradores por fuera del CENM que dentro del CENM.* (Pérez-Martelo, 2013: página 209).

En otros casos, la proximidad institucional y los recursos financieros son lo que genera algún tipo de vínculo entre los integrantes de la red, pero sin colaboraciones o agendas científicas comunes, tal como lo muestra el fragmento siguiente:

> *...el centro está formado por varios grupos de investigación que están repartidos por todo el país.* **Pero no ha habido un engranaje entre ciertos grupos... Y la articulación científica no ha sido muy buena, a mi modo de ver, pero si ha sido fructífera para la compra de equipos** *(Investigador del CENM* (Pérez-Martelo, 2013: página 210)).

Los recursos financieros también influencian otros procesos de acercamiento y toma de distancia entre los actores del CENM. Cuando no se logra consolidar la infraestructura de equipos proyectada, los grupos pueden distanciarse de los socios de su mismo TII y continuar con las relaciones por fuera del CENM. Allí lo cognitivo no es independiente de lo institucional, que pasa por elementos financieros. Para otros participantes, el CENM funciona como una afiliación a la que se le da crédito como fuente de recursos, tal como se muestra en el comentario siguiente de un investigador: *"Nosotros hemos seguido trabajando,* **lo único es que en las publicaciones hemos dado agradecimiento al centro cuando el centro ha colaborado en algo,** *o cuando se ha utilizado un equipo que haya sido comprado con dineros del centro"* (Pérez-Martelo, 2013: página 212).

En las situaciones presentadas se observa que en el componente institucional de la proximidad organizacional, la distribución y asignación de los recursos es un factor que genera ciertos acercamientos entre los actores, pero también la toma de distancia de otros frente a la iniciativa del CENM. La financiación en algunos casos ha facilitado la co-localización temporal entre investigadores para el uso de facilidades instrumentales y el intercambio de conocimiento, minimizando las distancias geográficas entre ellos. En otras situaciones, el bajo acceso a recursos del CENM ha hecho que algunos grupos se alejen de la iniciativa aunque se conserve la proximidad institucional. La práctica de hacer visible a la red como fuente de financiación en las publicaciones hace parte de esas dinámicas.

Otro punto en el que los integrantes del CENM generan procesos de acercamiento y toma de distancia es en la proyección de los escenarios futuros. Ello se evidenció en un taller de prospectiva que realizaron en octubre de 2007, en el cual cada participante ubicó un lugar de su trabajo en distintos momentos de un horizonte de tiempo, pero a la vez se hizo explícita la diferenciación de la naturaleza de los aportes de cada uno (cercana a las aplicaciones o más fundamental). En este caso, socios del CENM que a priori pueden tener una proximidad cognitiva o tecnológica, identificaron una distancia temporal de las posibilidades de articulación entre ellos. En esa dirección, el ejercicio de prospectiva se convierte en un escenario para establecer futuras vías de construcción de proximidades entre los grupos. Esto muestra que las proximidades pasan también por elementos temporales.

En esta sección identificamos varios procesos en los cuales se articulan al mismo tiempo la construcción de proximidades y la toma de distancia. Los componentes financieros de la proximidad institucional adquieren relevancia en las posibilidades de integración entre los actores. La dimensión temporal también se hace evidente como un mecanismo que influye en los acercamientos cognitivos, tecnológicos o geográficos.

4.3. Integración y Preservación de la Identidad: Un Laboratorio Universitario en el Polo MINATEC

En esta sección estudiaremos el caso de un laboratorio universitario de investigación en ciencia e ingeniería de materiales, ubicado en el polo de micro y nanotecnología MINATEC (Grenoble, Francia). Este laboratorio reúne casi 100 personas de las cuales 40 son investigadores y profesores de planta, y 50 doctorantes y post-doctorantes que pertenecen al Instituto Politécnico, a la universidad y al Centro Nacional de Investigación Científica. El polo está concebido desde una visión de proximidad geográfica, razón por la cual varias de las entidades, incluyendo este laboratorio, se han desplazado hacia instalaciones comunes.

4.3.1. Construcción de Proximidades y Vocación Universitaria

En este caso los procesos de construcción de proximidades se asocian al mantenimiento de la identidad universitaria por parte del laboratorio, en un entorno impulsado por una dinámica innovadora y con una fuerte participación de la industria.

En el acercamiento a otros actores del polo MINATEC los investigadores del laboratorio identifican oportunidades y riesgos. Buscan preservar su identidad científica, pero al mismo tiempo aprovechar las potencialidades de las colaboraciones. Se construyen plataformas tecnológicas comunes que no se derivan necesariamente en una proximidad cognitiva o tecnológica, debido a las prácticas diferenciadas. Para los socios con vocación industrial es esencial la estandarización de los procesos experimentales, mientras para este laboratorio es vital dejar espacio para la exploración de nuevos métodos y el aprendizaje. Cada entidad de MINATEC busca una visibilidad dentro del polo para atraer recursos, pero sin perder su identidad. Esa diferenciación del rol de cada entidad se hace explícita en el comentario de un investigador de ese laboratorio:

> *Tenemos mucho que ganar si somos capaces de gestionar las relaciones. Y ellos también tienen que ganar en el sentido que se abre un campo más académico, la investigación más fundamental... cuando todavía están en investigación aplicada y de muy corto plazo. Y ambos deben coexistir. La investigación aplicada sin una mirada hacia la investigación fundamental está muerta...* (Pérez-Martelo, 2013: páginas 258-259).

El laboratorio ha participado en varios procesos de articulación con otros actores. Dentro de ello está la fusión con otro laboratorio, la cual no se derivó en una integración de los grupos de investigación. La proximidad institucional no propició otro tipo de proximidades. Los investigadores perciben unas diferencias culturales entre los equipos de trabajo. Pero en esas distancias influyen varios factores: las relaciones con los industriales que son sensibles a temas de propiedad industrial, las dinámicas del calendario académico de los profesores que no les permiten ir al ritmo de las empresas, los objetos epistémicos que no logran articularse (interés en materiales vs. interés en aplicaciones), por las diferencias en la temporalidad. MINATEC tiene un alto componente en nanotecnologías, pero el laboratorio busca preservar también su lado no "nano", tal como lo ilustra un investigador: "*...nuestra política, es en primer lugar, la integración de Minatec, y buscamos fortalecer, desarrollar, cualquier cosa que no gire en torno a micro y nano*" (Pérez-Martelo, 2013: página 260).

Como en MINATEC el discurso alrededor del trabajo en nanotecnologías es tan central, los actores se integran en términos de qué tan lejos están temporalmente de esos desarrollos: *"Yo no hago nanotecnología, pero si el material que servirá para hacerlo"* (Investigador en materiales) (Pérez-Martelo, 2013: página 260). Allí se da una conexión temporal con las nanotecnologías en un futuro en el que se logren ciertas características en los materiales.

La proximidad geográfica, el anclaje territorial, es un eje central del polo MINATEC, pero no se materializa para el laboratorio necesariamente en más colaboraciones con los otros actores. Algunos investigadores de este laboratorio mencionan que al desplazarse físicamente al sitio MINATEC se alejaron espacialmente de socios con los cuales tenían una estrecha cooperación. Las distancias tecnológicas, de culturas y prácticas con los nuevos vecinos, hacen que la integración tome tiempo. Y esa articulación se da buscando siempre mantener una vocación universitaria que permita la exploración de nuevo conocimiento. Los vínculos se han generado desarrollando estrategias para poder seguir trabajando las líneas de interés.

4.3.2. La Materialidad de las Proximidades y la Diferenciación de Prácticas

Para el laboratorio universitario pertenecer a MINATEC lo hace parte de "algo muy visible internacionalmente", y genera una proximidad institucional con otros actores. En este caso, el traslado del laboratorio a unos edificios compartidos hace explícita la importancia de una proximidad geográfica, pero las prácticas de intercambio no evidencian otro tipo de acercamientos. En las relaciones con una entidad que tiene vocación industrial, y que luego del traslado se convierte en su vecino, los integrantes del laboratorio universitario observan asimetrías. Por ejemplo, a pesar de estar en edificios contiguos, el acceso a las instalaciones de ese socio tiene restricciones.

Las plataformas compartidas de equipos experimentales se ven como una oportunidad de acercarse. Sin embargo, es necesario armonizar las prácticas de uso y cobro de servicios de las distintas entidades. Aunque existe cierta proximidad institucional, la forma de operar de cada colaborador hace que la cooperación sea difícil de materializar. Pueden existir una proximidad cognitiva o tecnológica, pero los objetos epistémicos (problemas tratados) y la temporalidad con que se esperan los resultados son disimiles. También una cultura de libre acceso del laboratorio de materiales, frente a la cultura de restricción de su socio, hace que las relaciones no fluyan adecuadamente.

En esa dinámica de integración con actores tan diversos, el laboratorio universitario estudiado busca generar márgenes de maniobra para mantener su identidad. Para ello opera con objetivos diferenciados según las fuentes de financiación de los proyectos. Va desarrollando un portafolio de actividades según el tipo de recursos: proyectos en los que el laboratorio tiene un papel central, otros en los que es el industrial quien dirige la iniciativa. La experiencia sobre lo que se espera de cada tipo de proyecto para acceder a la financiación es clave para esta entidad.

En la construcción de proximidades de este laboratorio con otros actores de MINATEC también se identifican unos mediadores. La movilidad de los estudiantes es un factor clave en los intercambios, que a veces no se dan en otros niveles. También ciertas plataformas de caracterización de materiales que sirven a variadas temáticas. En ese sentido, la proximidad se logra por el uso de cierta infraestructura. Las competencias que permiten evaluar un material pueden aportar también a la caracterización de otro.

En este caso se identifican varios aspectos que matizan la proximidad institucional. Si bien el laboratorio entra a ser parte de MINATEC y ello se materializa en una acción de acercamiento espacial a sus potenciales colaboradores, las prácticas de intercambio hacen que las proximidades cognitivas, tecnológicas o culturales no se construyan tan fácilmente. En algunos casos, pueden trabajarse temas similares, pero con motivaciones y preguntas muy distintas. Las diferencias y falta de puntos de encuentro en los procesos de construcción de objetos epistémicos se convierte en un mecanismo ralentizador de las colaboraciones.

5. Discusión: Interdependencia entre Proximidades Sociomateriales

Este trabajo aporta varios elementos a los estudios de proximidades. El enfoque performativo permite dar cuenta de las dinámicas de generación de cercanías y distancias entre actores que se vinculan en colaboraciones interorganizacionales. Ello toma relevancia cuando se busca comprender los alcances y límites de las iniciativas promovidas por políticas científicas. Unas proximidades declaradas por la identificación a priori de aspectos comunes entre los socios, puede verse revaluada por las prácticas que materializan la implementación de las políticas. En el caso de iniciativas de promoción a las colaboraciones con un fuerte énfasis en la proximidad geográfica, se puede generar ambigüedad entre los actores cuando no se construyen otro tipo de proximidades. La cercanía espacial entre socios con altas distancias organizacionales pueden hacer más explícitas las diferencias, y en ocasiones las incompatibilidades de prácticas. En estos casos los acercamientos geográficos deben estar acompañados de la construcción de otro tipo de proximidades y la armonización de prácticas de intercambio.

Los resultados ilustrados, tal como otras investigaciones (Broekel, 2015), muestran que varias proximidades operan al mismo tiempo y se influencian unas a otras. El presente trabajo complementa esos enfoques con la identificación de las prácticas que generan los fenómenos de interdependencia. Los procesos pueden pasar por un acercamiento, y a la vez, una construcción de fronteras y conservación de identidad. Ello puede permitir operar las colaboraciones en entornos de complementariedad o de generación de un trabajo original frente a lo que los demás participantes hacen.

Las situaciones analizadas muestran unas transformaciones en los tipos de proximidad, en las cuales los procesos de generación y contextualización de objetos epistémicos es central. Es decir, las proximidades cognitivas y tecnológicas, además de ser cambiantes, son articulantes de los procesos de creación de conocimiento entre los colaboradores. Este punto permite tomar la construcción y evolución de los objetos epistémicos como una entrada empírica para el estudio de proximidades.

El enfoque de las proximidades desde las prácticas nos permite ir más allá de grandes categorías como las disciplinas. Las proximidades se asocian a unos intercambios sociomateriales. Otras perspectivas han presentado las proximidades ligadas a ciertos atributos de los actores sociales involucrados, dejando de lado la materialidad de las interacciones entre los socios. Los casos presentados muestran que la dimensión material es estructurante de las colaboraciones. Este punto, que ha sido señalado desde hace varios años en los estudios sociales de la ciencia y de las organizaciones (Gherardi, 2006; Carlile et al., 2013; Vinck, 1999) abre nuevas perspectivas a las investigaciones sobre proximidades. Los autores que han evaluado la proximidad con frecuencia observan los actores en términos absolutos y separados de un contexto de interacción, o realizan la observación desde redes sociales, olvidando la presencia de los objetos en las prácticas.

La literatura ha reconocido varios elementos en la proximidad organizacional (social, cognitiva, cultural, institucional). El estudio aquí realizado muestra que las prácticas delinean varios matices de esas proximidades. En la proximidad institucional, por ejemplo, la dimensión financiera o el acceso a los recursos pueden incidir en algunas rutas de cooperación entre los socios. Las fuentes de financiación de la actividad científica han sido reconocidas como uno de los factores que inciden en las colaboraciones (Gaillard et al., 2014; Wagner & Leydesdorff, 2005) o son intermediarios entre los actores (Callon, 1991). En ese sentido, una fuente común de recursos puede abrir espacios de posibles colaboraciones entre los actores. Los términos de referencia de una convocatoria (como en el caso de NanoAlpha que recomendaban la presencia de un socio industrial), pueden promover la generación de ciertos vínculos. Los estudios de proximidades pueden nutrirse de estos análisis.

La noción de protoinstituciones (Lawrence et al., 2002), propuesta para analizar los efectos institucionales y de segundo orden de las colaboraciones, ha mostrado ser un elemento enriquecedor del análisis de proximidades.

Cuando se trata de políticas científicas, permite identificar ciertas relaciones entre distintas iniciativas y experiencias previas entre los colaboradores. Nuevos espacios de indagación se abren para estudiar la interdependencia entre programas o políticas de ciencia, tecnología e innovación.

Agradecimientos

La autora agradece a los profesores Dominique Vinck, Roberto Zarama y Alfonso Reyes, por sus orientaciones durante la tesis doctoral de cuyos resultados se deriva este capítulo. También expresa sus agradecimientos a Astrid Jaime y Bernardo Herrera, por los diálogos que han nutrido muchos de los planteamientos aquí propuestos. La autora manifiesta su gratitud a las personas que aceptaron participar de las entrevistas y compartir sus experiencias durante el trabajo de campo. Este trabajo contó con soporte parcial de la Universidad Central (Bogotá, Colombia) mediante el "Programa de Apoyo a Estudios de Posgrado de los Profesores" (2007-2010) y el proyecto "Clúster NBIC: Construcción de proximidades entre actores que se articulan en una iniciativa de clúster en ciencias y tecnologías di(con)vergentes" (2015-2016).

Referencias

Autant-Bernard, C., & Hazir, C.S. (2013). Network Formation and Geography: Modelling Approaches, Underlying Conceptions, Recent and Promising Extensions. *Working Papers*. GATE, Groupe d'Analyse et de Théorie Économique Lyon-St Étienne, 1-14. ftp://ftp.gate.cnrs.fr/RePEc/2013/1312.pdf (Fecha último acceso: Febrero 2015).

Autant-Bernard, C., Billand, P., Frachisse, D., & Massard, N. (2007). Social distance versus spatial distance in R&D cooperation: Empirical evidence from European collaboration choices in micro and nanotechnologies. *Papers in Regional Science*, 86(3). http://dx.doi.org/10.1111/j.1435-5957.2007.00132.x

Baglieri, D., Cinici, M.C., & Mangematin, V. (2012). Rejuvenating clusters with 'sleeping anchors': The case of nanoclusters. *Technovation*, 32(3), 245-256. http://dx.doi.org/10.1016/j.technovation.2011.09.003

Balas, N., & Palpacuer, F. (2008). Les réseaux d'innovation sont-ils toujours ancrés dans les territoires? Le cas de l'alliance Crolles 2. *Entreprises et Histoire,* 53, 12-33. http://dx.doi.org/10.3917/eh.053.0012

Balland, P.-A., Boschma, R., & Frenken, K. (2014). Proximity and Innovation: From Statics to Dynamics. *Regional Studies,* 1-14. http://dx.doi.org/10.1080/00343404.2014.883598

Bernard, H.R., & Ryan, G.W. (2010). *Analyzing Qualitative Data: Systematic Approaches.* Thousand Oaks, California: Sage Publications, Inc.

Broekel, T. (2015). The Co-evolution of Proximities – A Network Level Study. *Regional Studies,* 1-15. http://dx.doi.org/10.1080/00343404.2014.1001732

Calamel, L., Defélix, C., Picq, T., & Retour, D. (2012). Inter-organisational projects in French innovation clusters: The construction of collaboration. *International Journal of Project Management,* 30, 48-59. http://dx.doi.org/10.1016/j.ijproman.2011.03.001

Callon, M. (1991). Techno-economic Networks and Irreversibility. En J. Law (Ed.). *Sociology of Monsters: Essays on Power, Technology, and Domination* (pág. 132-164). London: Routledge.

Carlile, P.R., Nicolini, D., Langley, A., & Tsoukas, H. (2013). *How Matter Matters: Objects, Artifacts, and Materiality in Organization Studies.* OUP Oxford. http://dx.doi.org/10.1093/acprof:oso/9780199671533.001.0001

Casas, R., & Luna, M. (2001). Espacios emergentes de conocimiento en las regiones: Hacia una taxonomía. En Casas, R. (Ed.). *La formación de redes de conocimiento: Una perspectiva regional desde México.* 35-78. Barcelona, México: Anthropos, Instituto de Investigaciones Sociales – UNAM.

De Gortari, R. (2001). Complementariedad y conocimiento compartido en el campo de los materiales en México. En Casas, R. (Ed.). *La formación de redes de conocimiento: Una perspectiva regional desde México.* 298-353. Barcelona, México: Anthropos, Instituto de Investigaciones Sociales – UNAM.

Delemarle, A., Kahane, B., Willard, L., & Larédo, P. (2009). Geography of Knowledge Production in Nanotechnologies: A Flat World with Many Hills and Mountains. *Nanotechnology Law & Business,* 6, 103-123.

European Commission (2004). *Classification of the FP 6 Instruments. Detailed description.* Octubre.

ftp://ftp.cordis.europa.eu/pub/fp6/docs/annex_on_instruments.pdf (Fecha último acceso: Enero 2015).

Gaillard, A.-M., Gaillard, J., & Arvanitis, R. (2014). Hacia una cooperación mas equilibrada: Entre la búsqueda de excelencia y financiamiento. En Kleiche-Dray, M., & Villavicencio, D. (Eds.). *Cooperación, colaboración científica y movilidad internacional en América Latina.* 19-48. Buenos Aires: CLACSO.

Gherardi, S. (2006). *Organizational Knowledge: The Texture of Workplace Learning.* Oxford: Blackwell.

Hautala, J. (2011). Cognitive proximity in international research groups. *Journal of Knowledge Management,* 15(4), 601-624. http://dx.doi.org/10.1108/13673271111151983

Ibert, O. (2007). Towards a Geography of Knowledge Creation: The Ambivalences between "Knowledge as an Object" and "Knowing in Practice". *Regional Studies,* 41(1), 103-114. http://dx.doi.org/10.1080/00343400601120346

Ibert, O., & Müller, F.C. (2015). Network dynamics in constellations of cultural differences: Relational distance in innovation processes in legal services and biotechnology. *Research Policy,* 44, 181-194.

http://dx.doi.org/10.1016/j.respol.2014.07.016

Kang, K., & Kang, J. (2010). Does partner type matter in R&D collaboration for product innovation? *Technology Analysis & Strategic Management,* 22(8), 945-959.

http://dx.doi.org/10.1080/09537325.2010.520473

Knoben, J., & Oerlemans, L. (2006). Proximity and inter-organizational collaboration: A literature review. *International Journal of Management Reviews,* 8(2), 71-89.

http://dx.doi.org/10.1111/j.1468-2370.2006.00121.x

Knoben, J., & Oerlemans, L. (2011). Configurations of Inter-organizational Knowledge Links: Does Spatial Embeddedness Still Matter? *Regional Studies,* 1-17.

http://dx.doi.org/10.1080/00343404.2011.600302

Knorr-Cetina, K. (1997). Sociality with Objects: Social Relations in Postsocial Knowledge Societies. *Theory, Culture & Society,* 14(4), 1-30.

http://dx.doi.org/10.1177/026327697014004001

Knorr-Cetina, K. (1999). *Epistemic Cultures: How the Sciences Make Knowledge.* Cambridge: Harvard University Press.

Lawrence, T.B., Hardy, C., & Phillips, N. (2002). Institutional effects of interorganizational collaboration: the emergence of proto-institutions. *Academy of Management Journal,* 45(1), 281-290. http://dx.doi.org/10.2307/3069297

Messeni-Petruzzelli, A., Albino, V., & Carbonara, N. (2007). Technology districts: proximity and knowledge access. *Journal of knowledge management,* 11(5), 98-114. http://dx.doi.org/10.1108/13673270710819834

Messeni-Petruzzelli, A., Albino, V., & Carbonara, N. (2009). External knowledge sources and proximity. *Journal of Knowledge Management,* 13(5), 301-318.

http://dx.doi.org/10.1108/13673270910988123

Messeni-Petruzzelli, A., Albino, V., Carbonara, N., & Rotolo, D. (2010). Leveraging learning behavior and network Structure to improve knowledge Gatekeepers' performance. *Journal of Knowledge Management,* 14(5), 635-658. http://dx.doi.org/10.1108/13673271011074818

Mills, C.W. (1961). *La imaginación sociológica.* México: Fondo de Cultura Económica.

Narula, R., & Santangelo, G. (2009). Location, collocation and R&D alliances in the European ICT industry. *Research Policy,* 38(2), 393-403.
http://dx.doi.org/10.1016/j.respol.2008.11.005

Nicolini, D. (2012). *Practice Theory, Work, & Organization: An Introduction.* Oxford, United Kingdom: Oxford University Press.

Nooteboom, B., Van Haverbeke, W., Duysters, G., Gilsing, V., & van den Oord, A. (2007). Optimal cognitive distance and absorptive capacity. *Research Policy,* 36, 1016-1034.
http://dx.doi.org/10.1016/j.respol.2007.04.003

Pérez-Martelo, C.B. (2013). *Gestión de conocimiento inter-organizacional: El caso de las nanotecnologías.* Bogotá: Tesis Doctorado en Ingeniería, Universidad de los Andes, Doctorado en Sociología Industrial, Universidad de Grenoble. Directores: Dominique Vinck y Roberto Zarama.
https://tel.archives-ouvertes.fr/tel-01070225/document

Robinson, D.K., Rip, A., & Mangematin, V. (2007). Technological agglomeration and the emergence of clusters and networks in nanotechnology. *Research Policy,* 36(6), 871-879. http://dx.doi.org/10.1016/j.respol.2007.02.003

Sorenson, O., Rivkin, J.W., & Fleming, L. (2006). Complexity, Networks and knowledge flow. *Research Policy,* 35(7), 994-1017.
http://dx.doi.org/10.1016/j.respol.2006.05.002

Vinck, D. (1999). Les objets intermédiaires dans les réseaux de coopération scientifique: Contribution à la prise en compte des objets dans les dynamiques sociales. *Revue Française de Sociologie,* 40(2), 385-414.
http://dx.doi.org/10.2307/3322770

Vinck, D. (2009). De l'objet intermédiaire à l'objet-frontière: Vers la prise en compte du travail d'équipement. *Revue d'anthropologie des connaissances,* 3(1), 51-72.
http://dx.doi.org/10.3917/rac.006.0051

Vinck, D. (2011). Taking intermediary objects and equipping work into account in the study of engineering practices. *Engineering Studies,* 3(1), 25-44.
http://dx.doi.org/10.1080/19378629.2010.547989

Wagner, C., & Leydesdorff, L. (2005). Network structure, self-organization, and the growth of international collaboration in science. *Research Policy,* 34(10), 1608-1618.
http://dx.doi.org/10.1016/j.respol.2005.08.002

Yin, R. (1994). *Case Study Research: Design and Methods.* 2nd edition. Thousand Oaks, California: SAGE Publications, Inc.

Anexo 1

Nombre del grupo	Abreviación	Temas de Investigación Interdisciplinaria (TII)				Universidad	Localización (Ciudad, Departamento)
		MR	MN	NMA	DES		
Películas Delgadas	GPD	x		x		Universidad del Valle	Cali (Valle del Cauca)
Física Teórica del Estado Sólido	FTES				x		
Materiales Compuestos	GMC		x	x			
Metalurgia Física y Teoría de Transiciones de Fase	GMFTTF		x	x			
Síntesis y Mecanismos de Reacción en Química Orgánica	SMRQO		x				
Transiciones de Fase en Sistemas No-Metálicos	GTFNM				x		
Ciencia e Ingeniería de Materiales	GCIM	x	x			Universidad Autónoma de Occidente	
Corrosión y Protección	GCP	x	x			Universidad de Antioquia	Medellín (Antioquia)
Estado Sólido	GES			x	x		
Física Atómica y Molecular	FAM				x		
Física Computacional en Materia Condensada	FICOMACO				x	Universidad Industrial de Santander	Bucaramanga (Santander)
Óptica y Tratamiento de Señales	GOTS				x		
Materiales Fotónicos	GMF				x		

Interdependencia de Dimensiones de Proximidad en las Relaciones Inter-organizacionales:
Casos de Colaboraciones Científicas en Nanotecnologías

Nombre del grupo	Abreviación	Temas de Investigación Interdisciplinaria (TII)				Universidad	Localización (Ciudad, Departamento)
		MR	MN	NMA	DES		
Física de Nuevos Materiales	GFNM			x	x	Universidad Nacional de Colombia Sede Bogotá	Bogotá D.C
Optoelectrónica	GOE			x	x	Universidad del Quindío	Armenia (Quindio)
Ciencias de Materiales y Tecnología Plasma	GCMTP			x		Universidad del Tolima	Ibagué (Tolima)
Física de Bajas Temperaturas "Edgar Holguín"	FISBATEM			x	x	Universidad del Cauca	Popayán (Cauca)
Materiales, Procesos y Diseño	GMPD	x	x			Universidad del Norte	Barranquilla (Atlántico)
Plasma, Láser y Aplicaciones	GPLA	x				Universidad Tecnológica de Pereira	Pereira (Risaralda)

MR: Materiales de Recubrimientos, MN: Materiales Nanocompuestos, NMA: Nanomagnetismo y DES: Dispositivos de Estado Sólido, Sensores, y Sistemas Mesoscópicos.

Fuente: Pérez-Martelo, 2013: páginas 332-333.

www.ingramcontent.com/pod-product-compliance
Lightning Source LLC
Chambersburg PA
CBHW051215200326
41519CB00025B/7119